念佛則心自淨 心淨則土隨淨

(清)周克復 編述

淨土晨鐘

心佛合一 故能一心不亂 不亂之心即是作佛之心

人於一日中。心不馳求不妄想。不緣諸境。
便與三世諸佛諸大菩薩相契。
即此火宅塵勞。便是解脫出三界之處。

重刻淨土晨鐘敘

明萬歷中雲棲蓮池大師宏淨土之敎一時學士聞風響應爰著書羽翼蓮宗若袁中郎唐宜之莊復眞輩不可一二數及大師西逝後餘風所被代有述者若荊谿周君所集淨土晨鐘亦其一矣是書雜引古德文句而折中於雲棲其激勸之指至詳且切譬諸良醫處方唯求去病固不必方從已出也州牧李侯夙慕蓮宗發宏護之願偶得是書於雲龍僧舍信好甚篤將重刻行世而屬敘於余夫淨教原流修行軌則諸

師所述備矣余何以加諸獨是李侯以良吏善理煩治劇爲上官所倚重其於出世之道宜有所不暇及顧亟亟焉爲此舉者豈常見所能測哉何尚之對宋文帝曰百家之鄉十人持五戒則十人淳謹千室之邑百人修十善則百人和睦傳此風教以周寰區編戶億千則仁人百萬夫能行一善則去一惡一惡既去則息一刑一刑息於家萬刑息於國此坐致太平之術也其言可謂通達識治體然則李侯宏護之心從可識矣我

朝

列聖相承欽崇三寶而雲棲一宗尤所眷顧

世宗歷選古德殿以蓮池我

皇六幸雲棲申章褒美豈不以此教之行其於勝殘去殺之風亦猶益膏助火順水張帆事半而功倍寧獨出世階梯云爾哉然而出世之要莫切於此矣是心作佛是心是佛此觀經之直指也憶佛念佛現前當來決定見佛此首楞嚴之方便也充是道也人發菩提家修淨業覲慈尊於魏闕會上善於棠陰轉五濁成淨土蓮華香氣

埛塞虛空永息苦輪常遊壽域此尚之所未及陳者而豈非李侯之願哉遂書以敘之

大清乾隆五十七年閏月長洲彭紹升撰

淨土晨鐘自序

戊巳之交予輯金剛法華持驗諸紀又以佛法中最簡捷而通貫者莫如淨土一門因取古今之書表章是教者哀其精要類而編之曰晨鐘意欲用世人之削氣警甜夢者而鼓鐘之焉耳冬初書成予不揣竊取名賢論述之意而爲之序序曰

如來爲一大事因緣出現于世大事者何生死是也如來憫衆生沉迷而指以出離之途卽示以遄歸之所曰大慈曰能仁以其仁慈我衆生而名之也允哉乃衆生不自仁慈其身畢世沉迷以悖如來之教若

淨土晨鐘自序　一

茫生死波中淵深而海濶周行震旦都如過銅人没處頭髻長出嗟嗟有聲不亦哀乎今夫人之朝而必夕也暑而必寒也幼而必壯壯而必老老而必死也自古及今如是苟夫人之朝而不爲夕謀暑而不爲寒謀必羣誚其愚獨自幼至壯且老而瀕死不知爲之謀其愚不又甚乎肰人之不知謀死也非昏而忘之則畏而諱之耳忘之而卒至諱之而終不我貸則雖欲忘且諱之而庸可得耶且人之畏死又非眞能畏死者也當其鶩焉而生蠢焉而長頹焉而老以死栩栩焉蘧蘧焉而愛河慾海之溺人無巳時名利韁

鎖之牽人無已時一旦灰寒火傳薪換臨了一局誰人能免自茲以往滅滅生生六道三途如轉轆轤又誰人能免跡其所爲日相尋于生死之業而不求解脫之方謂之懸不畏死可也真能畏死者必求解脫生死之方求解脫則舍念佛何途之從舍淨土吾誰與歸念佛生淨土則得解脫得解脫則超肰生死之外亦翛肰生死之中而又何死之足畏是能真畏死者也是能畏死謀死而終得無畏者也是能了當大事者也是能不悖大慈能仁之教者也夫世人而可免夫生死則已世人而不免夫生與死也則淨土之

業其可以不修而是書其可以弗讀也哉
或曰淨土人人可修則了當生死之法顧若是易乎
曰中庸言達道達德舉生知安行而繼以學困勉強
成功之一以聖凡無殊性故孟子又曰道一可見
此法非難非易其實人人可爲即經所謂衆生是淨
上及衆生煩惱心中皆具如來德相是也般若經云
滅度無量衆生實無衆生得滅度者蓋度人只在自
度內修淨土法門者雖止自度而使人皆學此法門
自度其爲度人也不旣多乎故未悟者勿論即已悟
而必自我度人其度也小我不必作度人相而即以

自度者度人其度也大度而無度般若所云旨不出此肰則論淨土者曰欲度衆生必先自度猶止說得一半

或曰今人喜談卽濁卽淨不如捨濁取淨之有實益是圓不如別乎曰念佛門中諸根畢攝理悟同歸能捨濁取淨而卽濁卽淨之理亦具其中圓莫圓于是故卽濁卽淨之說尙是假圓而此淨土之圓爲眞圓

或曰惟心淨土之說誠謬乎曰否究竟只是惟心淨土書中千萬語無非欲人皈依佛皈依佛無非心卽佛耳蓮師最駁撥土言心之說而曰一心不亂是阿

彌陀經之訣是心是佛是心作佛是觀經之訣可知心佛合一故能一心不亂不亂之心卽是作佛之心卽是無住平等之心卽是惟心淨土之心故維摩經云欲得淨土但淨其心眞鐵板語不容顛撲也

或曰肰則古今諸大知識痛辨惟心之說者非歟曰否從來言者之失徒在空談此心耳不思惟心淨土不可說現成空頭話須有修爲工夫在念佛求生淨土正是修悟自性惟心之功夫處也此方念佛淨土華鮮念佛心弛淨土華萎鮮萎一由佛之念與不念念佛須是心念安得謂惟心之說之有謬乎故凡執

心而議土與夫執土而議心其失均也大梅云任伊非心非佛我只是卽心卽佛吾亦曰任伊非心非土我只是卽心卽土請卽以質之蓮池龍舒諸老何如若云此亦是隨人腳下盤旋語則宜一併掃去道不是不是

觀經以十六觀爲正因而又言三福三種心等都不復及修觀以方便多門六度萬行皆可回向西方故又末法般舟三昧經先滅無量壽經更留蓮池謂稱名易學觀想難成般舟先觀足輪亦觀經類耳而六字稱名則三尺童子辦之故無量壽經偏救末世由

是觀之如來設教不可謂不寬淨土之門不可謂不廣獨稱名一法簡要可以通行故古今尊宿往往單提此門耳

須知理外無事淺外無深故利鈍兼收非難非易若會事歸理則三福等俱入實相卽是妙觀卽稱名與觀想非屬二心其歸亦一且法何有末末法云者人末之世末之也先滅云云者或預懸以示儆欲不以世與人之末而末法耳非爲是便當舍難趨易也但學者從一門而入專勤爲之淨業自成不可于同堂中自生秦越崇此而抑彼

是故有理而無事者非法之至是境而非心者非法之至可深而不可淺可別而不可圓者非法之至可權而不可實可聖而不可凡可自爲而不可與人共爲者均非法之至且而學無生卽無滅生與死二乎了妄卽眞眞與妄二乎溪山異而明月同穢與淨二乎卽十萬億國土而彈指可生遠與近二乎以足指按地而成金色世界娑婆與極樂二乎雖勝何非淸泰之鄉瞿曇得無法藏之後釋迦與阿彌二乎常寂光中遍包三土而土土相資同居與寂光二乎法之至者聖凡一也物我一也理事心境一也深淺一也

權實一也別圓一也以至一死生一眞妄一穢淨一遠近一釋迦彌陀一娑婆極樂一同居寂光夫是之謂一心不亂

果能依是眞實做去始也攝心而念佛念佛則心自淨心淨則土隨淨大慧禪師云人于一日中心不馳求不妄想不緣諸境便與三世諸佛諸大菩薩相契即此火宅塵勞便是解脫出三界之處修淨土者宜亦如是靠住一佛心心無間行之既久便可將四大所合之身一拳粉碎四大所合之世界一脚踢翻朕後隨所聞見鳥語蟬吟牧歌樵唱即西方之無常苦

空法音天樂也竹籬茅菴卽西方之金臺樓閣也飛泉鳴瀨卽西方之寶池德水埜芳嘉木卽西方之寶網交羅妙華天雨也明師良友之儔木石鹿豕之侶卽西方之諸上善人也何苦何樂何順何逆何邪魔何三毒等煩惱目前純是淨土則未來之決定往生可知到得厭世時無怖無亂不支不吾怡然拱手歸來故鄉不必問此際佛來迎與否能預知時日否聞異香奇樂否總是生平得力處到此決用得著決有好消息上品上生無疑也雖然此等嘵嘵皆爲未看破人打之遶耳人但看得破守得定時凡苦樂淨穢

疑信辨難紛紛之說且教一筆勾却何如

順治巳亥陽月陽羨淨業弟子周克復盥沐謹譔

淨土晨鐘 目錄

啟信二

勸修三

功行法門五

策進六

策願力　策勇猛精進

策攝心悟心　策三種念佛

策出家　策在家

策老者病者

飭終七

飭臨終往生正念　飭臨終三疑四關

飭十念往生　飭父母往生

飭眷屬往生　飭護病者

飭自念佛度冤親　飭臨終請衆念佛

飭末終思終

正辨八

辨往生早暮　辨一念往生

辨念力重大　辨業性本空

辨心量廣大淨土非遠　辨自心佛現

辨不往而往無生而生　辨欣厭取捨

辨不信佛論　附佛入中國考

了俗九

了色身之妄如如顏丙文○無著○身有真假○齊生死○用形骸得失

了世染之妄輪廻根本○蛇喻○對境○真空○四窮民○今日方閒○出家後出家○悟後有修　了富貴之妄

了浮生之妄　了生死之妄獄喻○防死○

勿當自家事○醉生夢死○徹悟○生死根本

了物緣之妄六根○五蘊皆空○眞性○廢心用形

了心念之妄

了邪教之妄附寄庫○念經

持驗十

比丘往生

慧遠○慧永○曇順○僧叡○曇恆○道昞○道敬○慧恭○慧虔○曇鑒○慧光○道珍○曇鸞○智者大師○道喻○善導和尚○法照○少康○懷王○道綽○惟岸○僧衒○附啟芳圓果○懷感○辦才○大行○明瞻○智覺禪師○志通○悟恩○省常○遵式懺主○宗坦疏主○子元○法持○基法師○若愚○宗賾○知禮○有嚴○智廉○懷義○宗本○元照○慧亨○智圓○可久○明本○善住○瑩珂○惟則○普度○茂琦○祖香○蓮大師○黃州僧○海寶

宰官往生

○劉程之○張野○王仲回○馬子雲○白居易○張掄○王龍舒○葛繁○胡闉○楊傑○文彥博○馬玗○鍾離瑾○閭邦榮○昝定國○馮楫○王敏仲○吳子才○蘇軾○朱綱○顧賓幢○朱元正○丁明登○唐時○附辨融覺浪余大成

士民往生

闕公則○周續之○孫良○庾銑○宋滿○王闐○范儼○孫忠○沈銓○計公○金奭○劉通志○唐廷任○楊嘉禕○郭熙載○戈以安○孫大玗

尼僧往生

大明○淨真○悟性○能奉○法藏

婦女往生

附后○葛濟之妻○姚婆○溫靜文妻○鄭氏○王氏夫人○馮氏夫人○陸氏宜人○樓氏○秦氏○鄭氏○于媼○方氏○薛氏○張母○孫氏母○徐氏○楊選一妻○湯公甫母

惡人往生

張善和○雄俊○仲明○吳瓊○陳企○附倂四

物類往生

鸚鵡○鵪鶉○鵝○蛇○又雞

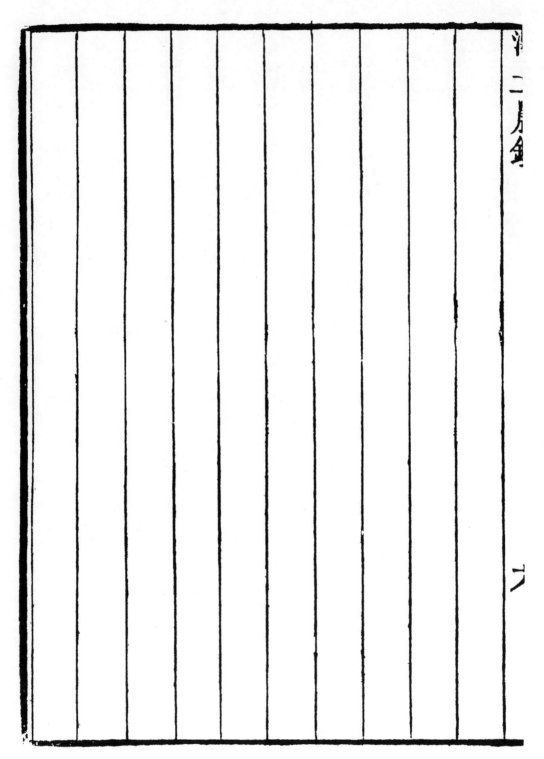

勸流通淨土晨鐘引

經典所在、流通即屬善緣、福報無量故語云能以大乘法傳一人者當十善傳十人者當百善傳大貴人大豪傑大力量者當千善重刊廣布者當萬善況淨土法門超出生死輪迴永不退轉直至成佛而後已是勸一人修淨土、乃成就一衆生作佛也凡作佛者必度無量衆生、彼所度之衆生、皆由我而始、其福報信不可窮盡故欲勸一切見者聞者廣大其心以佛之心爲心使人人知之而盡生淨土龍舒所言自宜諦信不誣至法華華嚴二經尤佛說妙法中之最上乘觀音大士普度世間無刹不現往賢感通事跡歷禩昭肰各爲纂集以勸進修斯誠鈴鐸方來津梁未路之最方便門也戊戌秋予輯金剛持驗已有流通小引敬懇同人茲刻淨土法華華嚴觀音持驗諸紀捜採載籍徵信古今頗殫心手之微勞用志皈依於不朽但拙刻板在此地未能廣傳他省旣並生莊嚴佛土之中安可缺法事流通之勝復告當世善信獲見諸本不吝廣爲刻施或仍原本或易新編其見聞所及有關持驗者尤冀續緝於後一句讚揚即是一句護持善根一念鼓動即是一念消彌罪業於以續

佛慧命自利利他所謂護法諸神既護法寶自護弘法載寶之人斷斷不爽昔賢爲劈衆圖勸人念佛後以他人念佛多生淨土乃歸功施圖之人亦得生淨土法施功德不可思議如是願與同人共勗之

同善道人克復敬懇

淨土晨鐘　　錢塘積厚軒許重刊

荊溪同善道人周克復纂　男周　石訂

吳郡潛確居士陳濟生參

淨土原始

極樂是我故鄉阿彌號爲慈父故欲超生死無如淨土一門世人浸沒五濁窟宅中如少亡之子問其祖父里邑室廬茫然不復記憶雖欲向往其路何由今折衷經籍泝其源流庶樂國歷歷如在目前而後信心可發也述原始第一

阿彌陀佛成佛之始

鼓音王經云、過去劫中。有國名妙喜。王名憍尸迦。祖父清泰國王。父月上轉輪王。母殊勝妙顏。時有佛出世。名世自在王。憍尸迦心發道意。棄捨國位。投佛出家。號曰法藏比丘。(即阿彌陀佛)又大彌陀經云、法藏比丘。於自在王佛所。發無上意。一切世間無能及者。時佛說二百一十億諸佛剎上。應其心願。法藏稽首禮佛。廣說四十八願。(具載經)若不爾者。誓不成佛。是時大地震動。天雨妙華。空中同聲讚言。決定成佛。

阿彌現淨土釋迦現穢土之始

悲華經云往昔劫中有轉輪王名無諍念大臣名寶海為善知識同於寶藏佛所發菩提心無諍念發願云我修大乘取於淨土終不願於穢土成阿耨多羅三藐三菩提世界眾生無諸苦惱我不得如是佛剎乃不成正覺今既果滿號阿彌陀故現淨土寶海大臣願於穢土成熟有情今已果滿號釋迦牟尼於此濁惡世中成佛菩提

佛為韋提希聖后說淨業正因

觀無量壽佛經云爾時韋提希號泣向佛自言世尊願為我廣說無憂惱處我當往生不樂閻浮濁惡世

也爾時世尊放眉間光徧照十方無量世界諸佛國
土皆於中現韋提希見已白佛言是諸佛土雖復清
淨皆有光明我今樂生極樂世界阿彌陀佛所惟願
世尊教我思惟教我正受佛告韋提希阿彌陀佛去
此不遠汝當繫念諦觀彼國我今廣為汝說亦令未
來凡夫修淨業者得生西方極樂國土欲生彼國者
當修三福一者孝順父母奉事師長慈心不殺修十
善業二者受持三歸具足眾戒不犯威儀三者發菩
提心深信因果讀誦大乘勸進行者如此三事名為
淨業正因佛告阿難及韋提希諦聽諦聽善思念之

九品往生

觀經云上品上生者若有衆生發三種心即便往生一者至誠心二深信心三迴向發願心復有三種衆生當得往生一者慈心不殺具諸戒行二者讀誦大乘方等經典三者修行六念（念佛法僧天施戒爲六念）迴向發願願生彼國具此功德一日乃至七日即得往生○上品中生者不必受持讀誦方等經典善解義趣於第一義心不驚動深信因果不謗大乘以此功德迴向求生極樂國行此行者即得往生○上品下生者亦信因果不謗大乘但發無上道心以此功德迴向願

求生極樂國行者命欲終時卽得往生○中品上生者若有衆生受持五戒持八戒齋修行諸戒不造五逆無衆過患以此善根廻向願求生於西方極樂世界臨命終時卽得往生○中品中生者若有衆生若一日一夜持八戒齋若一日一夜持沙彌戒若一日一夜持具足戒威儀無缺以此功德廻向願求生極樂國戒香熏修如此行者命欲終時卽得往生○中品下生者若有善男子善女人孝養父母行世仁慈此人命欲終時遇善知識爲其廣說阿彌陀佛國土樂事亦說法藏比丘四十八願聞此事已尋卽命終

卽得往生○下品上生者或有衆生作重惡業雖不誹謗方等經典如此愚人多造惡法無有慙愧命欲終時遇善知識爲說大乘十二部經首題名字以聞如是諸經名故除卻千劫極重惡業智者復敎合掌叉手稱南無阿彌陀佛稱佛名故除五十億劫生死之罪卽得往生○下品中生者或有衆生毀犯五戒八戒及具足戒如此愚人偷僧祇物盜現前僧物不淨說法無有慙愧以諸惡業而自莊嚴如此罪人以惡業故應墮地獄命欲終時地獄衆火一時俱至遇善知識以大慈悲卽爲讚說阿彌陀佛十力威德廣

讚彼佛光明神力。亦讚戒定慧解脫解脫知見。此人聞已。除八十億劫生死之罪。即得往生。○下品下生者。或有眾生。作不善業。五逆十惡。具諸不善。如此愚人。以惡業故。應墮惡道。經歷多劫。受苦無窮。臨命終時。遇善知識。種種安慰。為說妙法。教令念佛。彼人苦逼。不遑念佛。善友告言。汝若不能念彼佛者。應稱無量壽佛。如是至心。令聲不絕。具足十念。稱南無阿彌陀佛。稱佛名故。於念念中。除八十億劫生死之罪。命終之時。即得往生。

龍樹菩薩勸念佛

大智度論云、佛是無上法王。諸大菩薩為法臣。諸臣所尊重者。惟佛法王。是故菩薩應當念佛。又云、有諸菩薩。自念往昔謗般若。墮惡道。經無量劫。雖修餘行。未能得出。後遇善知識。教行念佛三昧、即得併遣罪障。方得解脫。又偈云、若人願作佛。心念阿彌陀。即時為現身。故我皈命禮。若人欲疾得、不退轉地者。應以恭敬心。執持稱名號。若人種善根。疑則華不開。信心清淨者。華開即見佛。

佛示人念佛十種功德

經云、若人受持一佛名號者。見世當獲十種功德利益一晝夜常得諸天大力神將并諸眷屬隱形守護二常得二十五大菩薩如觀世音等及一切菩薩常隨守護三常爲諸佛晝夜護念阿彌陀佛常放光明攝受此人四一切惡鬼若夜叉羅刹皆不能害一切毒蛇毒龍悉不能害五一切火難水難寃賊刀箭牢獄杻械橫死枉死悉皆不受六先所作罪皆悉消滅所殺免命彼蒙解脫更無執對七夜夢正直或復夢見阿彌陀佛勝妙色身八心常歡喜顏色光澤氣力充盛所作吉利九常爲一切世間人民恭敬供養禮拜猶如敬佛十命終之時心無怖畏正念現前得見

阿彌陀佛、及諸菩薩聖衆、手持金臺接引往生西方淨土、盡未來際受勝妙樂

淨土往生之因

大藏言西方淨土事不止十餘經其大畧謂彼處以七寶莊嚴無地獄餓鬼禽畜以至蜎飛蠕動之類常清淨自然無一切穢雜故名淨土其人皆蓮華中生長生不老衣食宅宇隨意化成其景序長春無復寒暑大受快樂無一切苦惱故名極樂世界其佛名阿彌陀者梵語也此云無量以此佛光明照見十方世界無有限量凡念佛衆生無不知之故又名無量光

佛此佛壽命與其國中人民壽命皆無有限量雖恒河沙劫亦無有盡故又名無量壽佛此佛有大誓願度人其威神不可思議故至心信向念其名號者現世必消除災難禳却冤鬼安靜形神增延福壽西方七寶池中則生蓮華一朶他日於其中託生直脫輪迴之外若此者皆有事跡非虛言也盡大藏中八萬四千法門無如此之要捷者而人或不知知而不行可痛惜也 龍舒淨土文

阿彌陀佛度生之因

經云法藏比丘對世自在王佛發四十八大願每願

皆為濟度衆生發此願已乃精進以了生死次入菩薩地了生死者乃生死自如也入菩薩地者內則修慧外則修福也修慧者使慧性日廣一日至成佛時則慧性含虛空世界無所不知無所不見也修福者託生於一切衆生中同其形體通其語言以設教化故上自天帝下至微細蟲蟻皆託生其中如此無量劫來設化衆生夫設化衆生無非得福也得福而不受用故其福愈積而愈大久則徧虛空世界矣福大則威神大又經云阿彌陀佛歷大阿僧祇劫行菩薩行忍力成就不計衆苦常以和顏愛語饒益衆生善

護口業不譏他過善護身業不失律儀善護意業清淨無染手中常出一切衣服飲食寶幢音樂及一切最上所須之物以此施惠衆生令生歡悅以行教化故致無量衆生發無上菩提之心如是善行歷無數劫功德圓滿威神熾盛方得成就所願而入佛位是初發願以至成佛無非爲衆生者故十方無央數世界諸天人民以至蜎飛蠕動之類無所不度人能精心念其名號想其形相現世必見佛之眞身以佛威靈無所不在而人心念與佛純熟則自然交通也若身後經生其國皆於寶池蓮華中化出其容貌端好

非天人可比皆受自然清虛之身無極之壽徧彼剎中皆諸上善人無有婦女皆洞視徹聽遙相瞻見遙相聞語聲雖歷萬劫已所從來靡不知之復知十方世界去來現在之事以其慧性通徹故爾又阿彌陀佛誓願云已生我國欲往他方生者如其所願永不復墜三惡道何則生淨土者必證無生法忍無生法忍者乃了生死也了生死者雖入生死界中此一性已不昧矣性既不昧何由而為惡乎況又仗佛力故墜墮必無由是設化一切衆生而入一切衆生生死界中或生天上或生人間或生大富貴中或生清淨

中或長生不滅或滅而復生隨意所欲生死自如此所以貴於修淨土也　纂龍舒文

釋迦勸人念佛之因

阿彌陀佛現在西方西方為淨土釋迦所生國與我中國同土皆屬娑婆世界皆為穢土穢土眾生必憶佛念佛一心不亂彌陀方來接引往生西方然彌陀聖號及淨土往生之事此土誰知緣釋迦如來說彌陀諸經殷勤苦口勸人念佛迦文不妄的確可信此震旦念佛法門之所由始也阿者無也彌陀者量也阿彌陀佛者無量覺也無量有二義無量壽體也無

量光用也只無量光壽四字便是如來萬德洪名專持此四字即生淨土者何也葢因彌陀發四十八願攝受衆生有云衆生欲生我國但能志心稱我名號即生我國受福快樂壽命無量佛有此本願故衆生念佛即得往生此是仗佛願力非衆生之自力自力難成仗佛易就故也

釋迦開導淨土之因

唐宜之南無篇云向於淨土書中聞阿彌陀佛取淨土釋迦佛取穢土君臣宏願攝受兩土衆生而未詳也又讀悲華經始知阿彌陀佛爲轉輪聖王時供養

寶藏如來黃金為地七寶為樓自然身燈竟夜供養然猶廻向為忉利大梵天王統領四天下而已爾時賴釋迦佛為寶海梵志乞夢陳白輪王感悟乃於寶藏如來前取西方淨土是則西方淨土成自彌陀而開導由釋迦也不惟是爾時輪王千子與八萬四千小王無一人不由寶海開示發心者太子即觀世音二王子即大勢至三王子即文殊八王子即普賢也不惟是爾時寶海有八十子與三億弟子無一人不由寶海開示同時發心者凡賢劫千佛與當來彌勒尊佛皆寶海弟子也祗因諸菩薩皆發心取清淨佛

土而此娑婆世界厚重煩惱爲佛菩薩之所擯棄於是寶海憂愁憔悴發願久在生死忍受諸苦不捨如是衆生願入阿鼻願爲畜生願爲餓鬼願爲貧窮鬼神願爲人中卑賤願施恒沙七寶願施恒沙身命以度衆生今人朝夕頂禮彌陀觀音勢至爲大依怙若不讀此經安知三聖證果之因至念釋迦如來施足施手施目施耳施鼻舌施血肉施髓腦調伏我等豈能不慟哭乎然則釋迦當日以淨土開導三聖後說彌陀諸經又專爲娑婆衆生而發是卽以開示佛菩薩者而開示我等也以阿彌接引之大力合釋迦指

點之悲心如此深恩衆生若何孤負也耶

四土往生本末

經云應觀法界性一切惟心造法界有十又分四種國土一曰常寂光土爲佛法界二曰實報無障礙土爲菩薩法界三曰方便有餘土爲聲聞緣覺二法界謂之四聖四曰凡聖同居土爲天人阿修羅地獄餓鬼畜生六法界謂之六凡如是十界四土於凡夫一念識心悉皆具足故凡一土各具四土唯隨染淨緣以分淨穢維摩詰云隨其心淨則佛土淨此之謂也

四土各有淨穢常寂光者諸佛如來所居（常即法身德寂即解

脫德。光。卽般若德。眞常究竟極爲淨土。亦有淨穢者。以究竟分證異也。究竟如來所證。乃上品寂光。圓教人所證。名中品寂光。別教則證下品寂光耳。實報無障礙者。菩薩居之。行眞實法。感得勝報。色心不相妨礙。故言無障礙。等分十地皆屬大乘。其淨穢以次第頓入分也。次第者別教菩薩。頓入者。圓教菩薩。方便有餘者。二乘所居。已出三界之外。修方便道。斷四住惑。故曰方便無明未盡。故曰有餘。其淨穢相者。體巧拙也。體感淨。拙觀感穢。凡聖同居淨土者。卽極樂國是安養淸淨池流入德樹列七珍次於泥洹皆正定聚。生安養者。煩惱調伏。近於涅槃。故名爲次。聚有三。如此土博地凡夫。屬邪定聚。發心修行。未不退者。屬不定聚。不退轉者。稱正定聚。穢土卽娑婆世界。其淨穢以五濁輕重而分也。然佛

法遍一切界、下三土此理須知皆常寂光所遍、故如
來居寂光時垂應下三土釋迦現身垂應娑婆阿彌
現身垂應極樂是也同居穢土之人欲生極樂淨土
須以念佛三昧、或執持名號、一心不亂、或端坐西向、
觀想彌陀如此二行方能輕其三毒澄其五濁
臨終正念乃得往生若因此三昧功夫層次如此破
斷見思二惑、即能往生方便土更破塵沙煩惱并破
根本無明、即得生實報土破盡無明、方得生寂光淨
土以上修淨土人須知又有淨土橫出三界穢土、竪
出三界之異竪者自下昇高如登九級臺其出難橫

者從東至西如履坦途其出易據觀經往生九品橫出有三種如上品上生臨終乘金剛臺往生彼國見佛聞妙法已即悟無生此橫出三界生實報莊嚴淨土也上品中生者坐紫金臺往生彼國經宿乃開經一小劫得無生法忍此橫出生方便有餘淨土也上品下生以下皆橫出三界生凡聖同居淨土也極樂雖有天人之殊既無淫欲故無欲界生彼者次于泥洹皆正定聚則不隨禪而受生。故無色界。無無色界。可即同居而證入豎出三界有四種入即藏通別圓四教上三土耳。

雖頓漸不同各有階級然後得出三界生死修爲難而失墜易何如專心念佛仗佛提攜從橫而出生彼

華池實報與寂光恒見十地直下可登之爲愈乎援此十界四土之說諸淨土書多畧而未載朕衆生既願生彼土即當以成佛爲期同居淨土之人不得生寂光未爲究竟故往生後境地修持者不可不知況四土一土不出惟心所造此實凡聖同歸之途頓漸雙融之旨也

三界六道輪廻本末

衆生因情生十二緣造成三界六道輪廻之業不得斷絕往西方則情滅而性現故永劫無輪廻有十二緣之業造成三界六道輪廻之報不得解脫生西方則業斷而報空故永劫無墜墮十二緣者曰無明曰

行曰識曰名色曰六入曰觸曰受曰愛曰取曰有曰生曰老死是也無明謂暗昧眞性行謂動作識謂魂識名謂受想行識色謂色身六入謂六根眼耳鼻舌身意也觸謂觸六根者因暗昧眞性故不能寂然不動乃生魂識因有名色遂有六入因六入故有觸因觸故受因受故愛因愛故取因取故常有之因此復受生因生故有老死相牽緣不斷故名十二緣三界者自阿鼻大地獄至他化自在天皆名欲界以有情欲也上有色界止有色身無男女之形又上有無色界并無色身止有魂識如鬼神此名三界所謂輪廻

者何曰天曰人曰阿修羅曰餓鬼曰畜生曰地獄是名六道餓鬼以下亦名三途瞋殺傲慢造有微福感修羅道慳貪不捨損人利已感餓鬼道愚呆無知酬償宿債感畜生道五逆十惡輕重不等感地獄道四道皆苦天道修十善而致感報受樂樂勝則不暇修行福盡則仍墮落人道樂少苦多能勇猛精進可以修行而不發背心報盡則轉墮三途人天爲勝餘四爲劣或劣者悔過而徵勝或勝者造惡而徵劣如車輪廻轉升沉非一經云三界無安猶如火宅此之謂也業報可畏如此曷不回頭猛省求生西方已上克復纂

淨土啟信

蓮池以信願行、爲適淨土者之資糧三者缺一不可而信尤要焉非信則願力不生、起行無本櫨菴云、淨土無難易難易在人難者疑情咫尺萬里易者信心萬里咫尺故證不退轉地者、須有不退轉之心、以爲之先導信是也信由自發、非由他人然長夜必須秉燭幽谷必待日光淨土之說如來金口所宣古今諸大知識所論其明白不啻日與燭矣而信心猶或不啟、其真扣槃捫籥之徒與今取龍

舒所載而補其未及述啟信第二

淨土有益生前不可不信

淨土之說不知者止以爲身後之事不知其大有益於生前也何則佛之所以訓人者無非善與儒教之所以訓人何異唯名有不同耳故誠以淨土爲心則見於日用間者意之所念口之所言身之所爲無適而非善善則爲君子爲大賢現世則人敬之神祐之福祿可增壽命可永其次爲業緣所奪而不能專力於此苟有志焉者亦惡緣可自此而省善緣可自此而增惡緣省而不已終必至於絕其惡善緣增而不

已終必至於純乎善非君子大賢而何又其次不知禮義之所在不知刑罰之可畏惟氣力是尚惟勢利是趨苟知以淨土爲心則亦必知省已而自咎所爲雖不能皆合於禮義亦必近於禮義矣雖不能盡超乎刑罰亦必遠於刑罰矣漸可以脫小人之域而終爲君子之歸庸人稍知佛理者世必目爲善人此其效也由是言之則從佛之言而以淨土爲心者孰謂無益於生前乎或曰儒教豈不益於生前何必淨土哉曰此世間法耳非出世間法世間法則不出於輪迴出世間法則直脫輪迴之外淨土既益於生前又

益於身後者以其兼世間出世間法故也

淨土不妨俗事不可不信

淨土之說有理有跡論其理則見於日用而未嘗離前篇所言是也論其跡則辦於早晨一茶之頃而不必拘於終日十念法門是也蓋修持法門有九品人人皆可以修雖罪惡之人佛亦不棄回心向善則為善矣故此十念法門人皆可行譬如久為暗室一燈照之則明矣所以修者不難亦不妨一切俗事故在官不妨職業在士不妨修讀在商賈不妨販賣在農人不妨耕種在公門不妨事上在僧徒不妨參禪凡

一切所爲皆不相妨故一茶一飯之頃不費時刻、遂可以爲萬萬劫不壞之資、人何爲而不修乎今有販物者一錢而得兩錢之息則必喜之以爲倍利或兩錢而得一錢之價則必憂之以爲喪本是於外物小有得失而不勝其憂喜也何於吾身之光陰有限、則汨沒以過其失大矣、而不以爲憂、於淨土之因緣難遇幸而知之、其得大矣、而不以爲喜、何不思之甚也可痛惜哉。

淨土佛無妄語不可不信

人驟聞淨土景象多不信者蓋拘於目前所見遂謂

目前所不見者亦如此而已如陋巷糞壤之居者安
知有廣厦之淸華小器藜藿之食者安知有食前之
方丈敝篋錙銖之蓄者安知有天府之充溢處此娑
婆濁世安信有淸淨佛土所以生長於胞胎不知彼
有蓮華之化生壽不過百年不知彼有河沙之壽數
衣食必由於營作不知彼有自肰之衣食快樂常雜
於憂惱不知彼有純一之快樂肰則佛之所言不可
以目前不見而不信也況佛切戒人以妄語必不自
妄語以誑人世人妄語者非以規利則以避害佛無
求於世何規利之有佛視死生如刀斫虛空何避害

之有是佛無所用其妄語也故先賢云佛言不信何言可信昔有以忠臣爲姦黨者刻之於石天雷擊之今以金寶綵色鐫刻裝繪以爲輪藏貯佛之言供以香華嚴以神龍使其言之妄則又甚於姦黨之碑何爲歷千百歲而天雷不擊之哉以其言之誠也是故淨土之說更無可疑者況自古及今修此者感應甚多尤不可不信也

淨土一念必生不可不信

淨土傳云阿彌陀佛與觀音勢至二菩薩乘大願船泛生死海就此娑婆世界呼引衆生上大願船送至

西方如肯往者無不得生也觀此則是佛與菩薩憫
念衆生沉淪苦海無由得出故自以誓願威力招誘
人生淨土人唯恐不信耳若信心肯往雖有罪惡亦
無不得生蓋不慈悲不足爲佛不濟度衆生不足爲
佛不有大威力不足爲佛爲其慈悲故見衆生沉於
苦海而必欲濟度爲其有大威力故能遂濟度之心
成濟度之功此所以爲佛也經云大醫王能治一切
病不能治命盡之人佛能度一切衆生不能度一切
不信之人信者一念也若人在生時心念要去身則
隨去心念欲往身則隨往是身常隨念然猶有念欲

去而身被牽繫者若身壞時唯一念而已一念到處則無不到是以一念在淨土則必生淨土況佛與菩薩又切切招人往生乎

淨土腳踏實地不可不信

世有專於參禪者云惟心淨土豈復更有淨土自性阿彌不必更見阿彌此言似是而非也何則西方淨土有理有跡論其理則能淨其心故一切皆淨誠爲唯心淨土矣論其跡則實有極樂世界佛丁寧言之豈妄語哉人人可以成佛所謂自性阿彌固不妄矣肰猝未能至此譬如良材可以雕刻物像而極其華

麗必加雕刻之功然後能成不可指艮材而遂謂極物象之華麗也又或信有淨土而泥唯心之說謂西方不足生者謂參禪悟性超佛越祖阿彌不足見者皆失之矣何則此言甚高竊恐不易到彼西方淨土無貪無戀無嗔無癡吾心能無貪無戀無嗔無癡乎彼西方淨土思衣得衣思食得食欲靜則靜欲去則去吾思衣而無衣則寒惱其心思食而無食則飢惱其心欲靜而不得靜則羣動惱其心欲去而不得去則繫累惱其心是所謂唯心淨土者誠不易到也彼阿彌陀佛福重山海力挈天地變地獄爲蓮華易於

反掌觀無盡之世界如在目前吾之福力尚不能自爲常恐宿業深重墜於地獄況變作蓮華乎隔壁之事猶不能知況見無盡世界乎是所謂自性阿彌者誠不易到也然則吾心可以爲淨土而猝未能爲淨土吾性可以爲阿彌而猝未能爲阿彌烏得忽淨土而不修捨阿彌而不欲見乎故修西方見佛而得道則甚易若止在此世界欲參禪悟性超佛越祖爲甚難況修淨土者不礙於參禪何參禪者必薄淨土而不修也大阿彌陀經云十方有無量菩薩往生阿彌陀佛國彼菩薩尚欲往生我何人哉不欲生彼是果

勝於諸菩薩乎由此言之唯心淨土自性彌陀之說大而不要高而不切修未到者誤人多矣不若腳踏實地持誦修行則人人必生淨土徑脫輪迴與虛言無實者天地相遠矣

淨土非仙可比不可不信

佛眼見無量劫事故自古及今無所不見又戒人妄語必不自妄語以誑人又戒人有我必不自有我以夸人故其言誠可師法按楞嚴經云有十種仙皆壽千萬載數盡復入輪迴爲不曾了得眞性故與六道衆生同名七趣是皆輪迴中人也世人學仙者萬不

得一縱使得之亦不免輪廻爲著於形神而不能捨去也夫形神者乃真性中所現之妄想非爲真實故寒山詩云饒汝得仙人恰似守屍鬼非若佛家之生死自如而無所拘也近數百年來得仙者唯鍾離呂公而學鍾離呂公者豈止千萬予親知聞數亦不少終皆死亡埋於下土是平生空費心力也欲求長生莫如淨土生淨土者壽數無量其爲長生也大矣不知修此法門而學神仙是捨目前之美玉而求不可必得之碔砆豈不惑哉況神仙者有所得則甚秘而不傳謂泄天機而有罪佛法門唯恐傳之不廣直欲

度盡衆生而後已是其慈悲廣大不易測量非神仙之可比也

淨土因果不妄不可不信

人有不信因果從而不信淨土者夫因果烏可以不信乎經云要知前世因今生受者是要知後世果今生作者是若不信此語何不以目前之事觀之人生所以有貧富有貴賤有苦樂勞逸有榮辱壽夭其禍福種種不同雖曰天命天豈私於人哉蓋以人前生所爲善惡不同故今生受報禍福亦不同而天特主之耳是以此身謂之報身報身者報我前世所爲故

生此身也惟前世所爲不能純乎善故不得純受其福報乃有富貴而苦夭者有貧賤而壽樂者有榮寵而悴辱者其爲果報各隨其所爲如影從形纖毫不差故云種桃得桃種李得李未有種麻而得豆種麥而得稷者唯種時少收穫時多故作善惡時甚小受禍福之報甚大故云春種一粒粟秋收萬顆子人生爲善惡果報還如此蓋造化自然之理也此理可信則淨土之說必可信乃人有見目前善惡未有報者遂不信因果而因以不信淨土殊不知未有報者非無報也但遲速耳佛謂阿難云人有今世爲善死墮

地獄者今世爲惡死生天堂者阿難問何故佛言今世爲善死墮地獄者今世之善未熟前世之惡已熟也今世爲惡死生天堂者今世之惡未熟前世之善已熟也熟處先受報譬如欠債急處先還左氏謂欒武子有德可以庇其子故其子黶雖爲惡而可以免禍黶之子盈爲善而黶之惡乃累之故盈雖善而及於難止就目前可見善惡之報尙如此況隔世乎書曰天道福善禍淫老子曰天網恢恢疎而不漏是三教皆言此理豈可以目前未見果報而遂不信凶果因以不信淨土乎

淨土如明鏡日月不可不信

或云人此間念佛西方七寶池中如何便生蓮華一朵子告云此不難知也譬如大明鏡凡有物來便見其影鏡何嘗容心哉阿彌陀佛國中清淨明潔自肰照見十方世界猶如明鏡覩其面像是故此間念佛西方七寶池自肰生蓮華一朵無足疑也或又云念往生眞言者阿彌陀佛常住其頂衛護其人若無量世界衆生念此眞言佛豈能一一徧住其頂乎曰譬如天上一月普現一切水中亦自肰耳或又云修行精進臨終之時佛與菩薩來迎如十方世界有無量

衆生精進烏能皆知其期而往迎乎曰譬如天上一日普照無量境界亦自朕耳況佛之威神不止如日月則徧住其頂徧知其期何足疑哉　以上龍舒文

淨土正信爲要不可不信

凡欲念佛要起信心若無信心空無所獲肇法師云是事如是者信之相也是事不如是者不信之相也夫信爲入道之初宗智爲究竟之玄術諸經首稱如是者信也後曰奉行者智也又云信者順之謂信則所言之理順順則師資之道成經無豐約非信不傳故彌陀經言若有信者應當發願生彼國土此是釋

迎本師勸信處汝等當信是稱讚不可思議功德此是十方諸佛勸信處信心淸淨者花開即見佛此是往生論勸信處所謂信者信經中佛說念佛定生淨土信念佛定滅諸罪信念佛定得佛護信念佛定得佛證信念佛臨終定得佛來迎接信念佛不問衆生同信之人皆得往生信念佛往生定得不退地信念佛生淨土定不墮三惡道受此法持此念則往生淨土必矣大行和尚勸念佛人心唯信佛佛則知之他心通故口惟稱佛佛則聞之天耳通故身惟禮佛佛則見之天眼通故又喻云信心者猶如深栽果樹根

深故風吹不動。後著果實。濟人饑渴。念佛之人。亦復如是。故十住菩薩。一起信心。念佛之後。縱遇惡緣、寧捨身命、不退信。故維摩云。深信堅固。猶如金剛。法珍普照。如雨甘露。凡我同志。切須深信諸佛所說。眞實非虛。生死海中。念佛第一。專修淨業。期出輪迴。時不、待人、愼、勿、疑、悔。天竺慈雲懺主往生正信偈云。稽首西方安樂剎。彌陀世主大慈尊。我依種種修多羅。成就往生決定信。住大乘者淸淨心。十念念彼無量壽。臨終夢佛定往生。大寶積經。如是說。五逆地獄衆火現。値善知識發猛心。十念稱佛卽往生。十六觀經。如是說若有歡喜愛樂心下至十念即往生若不爾者不成佛四十八願如是說諸有聞名生至心一念回向即往生唯除五逆謗正法無量壽經如是說臨終不能觀及念但作生意知有佛此人氣絕即往生大法鼓經如是說一日一夜懸繒蓋專念往生心不斷臥中夢佛即往生無量壽經如是說晝夜一日稱佛名殷勤精進不斷絕展轉相勸同往生大悲經中如是說一日二日至七日執持名號心不亂佛現其前即往生阿彌陀經如是說若人聞彼阿彌陀一日二日若過等繫念現前即往生般舟經中如是說一日

一夜六時中五體禮佛念不斷現見彼佛即往生鼓音王經如是說十日十夜持齋戒懸繒旛蓋然香燈繫念不斷得往生大彌陀經如是說若人專念一方佛或行或坐七七日現身見佛即往生大集經中如是說若人自誓常經行九十日中不坐臥三昧中見阿彌陀佛立經中如是說若人端坐正西向九十日中常念佛能成三昧生佛前文殊般若如是說我於衆經頗少分如是說者無窮盡願同聞者生正信佛語真實不欺誑佛旣顯言易往生幸各正信無疑惑

蓮宗寶鑑

淨土該戒定慧不可不信

人皆謂修淨土不如禪教律余獨謂禪、教、律、法、門、莫如修、淨土、夫眞淨明妙虛徹靈通凡在智愚皆具此性根塵幻境相與淪胥生死輪廻窮劫不斷故釋氏以禪教律假設方便使之從門而入俱得超悟惟無量壽佛獨出一門曰修行淨土如單方治病簡要直截一念之專卽到彼岸不問緇白皆可奉行但知爲化愚俗淺近之說其實則成佛道捷徑之途今之學佛者不過禪教律究竟圓頓莫如禪非利根上器神領意解者未免墮頑空之失研究三乘莫如教非得魚忘筌因指見月者未免鑽故紙之病護善遮惡莫如律非身心清淨表裏一如未免多纏縛之苦總而觀之論其所入則禪教律要其所歸則戒定慧不由禪教律而得戒定慧者其唯淨土一門乎方念佛時口誦心惟諸惡莫作豈非戒繫念淨境幻塵俱滅豈非定念實無念心華湛然豈非慧人能屏除萬慮一意西方則不施棒喝而悟圓頓機不閱大藏經而得正法眼不持四威儀中而得大自在不垢不淨無纏無脫當是時也孰爲戒定慧孰爲禪教律我心佛心一無差別此修淨土之極致也八功德水金蓮華臺

又何必疑哉。鄭清之勸修淨土文

淨土獨推阿彌不可不信

十方如來皆可親近獨推彌陀其故有三。一、誓願深重。二、娑婆有緣。三、化道相關也。願重者彌陀發廣大誓願有曰若我成佛已來有衆生願生我國或聞我名修諸善本稱我名號乃至十念若不生者誓不取正覺既生我國若有退轉不決定成佛者誓不取正覺故華嚴鈔曰彌陀願重偏接娑婆衆生也有緣者釋迦在世時衆生聞佛所教歸向彌陀固已多矣迨佛滅後無問僧俗男女貴賤貧富稍聞佛教者亦曉稱名縱是頑愚暴惡無信之徒或遭厄難危險之處或發讚嘆怨嗟之聲不覺信口便稱阿彌陀佛至於見童女子聚沙摶土圖牆畫壁便作彌陀佛像甚至學行未穩學語未成者自然能唱阿彌陀佛此皆不勸而發不教而能非有緣而何又如無量壽經云當來之世經道滅盡我以慈愍特留此經更住百歲又云此經滅後佛法全無但留阿彌陀佛四字名號救度衆生故天台云當知彼佛於此惡世偏有緣耳相關者先覺謂兩土聖人示居淨穢以折攝二門調伏衆生此以穢以苦以促以多魔惱而折之俾知所厭

彼以淨以樂以延以不退轉而攝之俾知所忻既厭且忻則化道行矣又釋迦於三乘授道之外其有度未盡者度在彌陀故於諸大乘叮嚀反復稱讚勸往者蓋化道之相關也以是三者之故乃獨推焉淨土或問

淨土苦樂相比不可不信

經云彼國衆生無有衆苦但受諸樂故名極樂今以娑婆對比之此則血肉形軀有生皆苦彼則蓮華化生無生苦也此則時序代謝衰老日侵彼則寒暑不遷無老苦也此則四大難調多生病患彼則化體香潔無病苦也此則七十者稀無常迅速彼則壽命無

量無死苦也此則親情愛戀有愛必離彼無父母妻子無愛別離苦也此則仇敵冤讎有冤必會彼則上善聚會無冤憎會苦也此則困苦饑寒貪求不足彼則衣食珍寶受用現成此則形質寢陋六根多缺彼則端嚴相貌體有光明此則輪轉生死彼則永證無生此有四趣之苦彼無三惡之名此則荊棘坑坎高下不平土石泥沙穢污充滿彼則黃金為地寶樹參天樓聳七珍花敷四色此則雙林已滅龍華未來彼則無量壽尊現在說法此則觀音勢至徒仰嘉名彼則與二上人親為勝友此則羣魔外道惱亂正修彼則

佛化一統魔外絕蹤此則媚色妖婬迷惑行者彼則正報清淨實無女人此則惡獸魑魅交扇邪聲彼則水鳥樹林咸宣妙法二土較量境緣逈別此極樂之所由名也安國鈔開爲二十四樂羣疑論廣爲三十益疏鈔亦列十種樂大意相同所以勸進世人津津有味若此顧不向樂邪而踴躍可乎哉 天如或問

淨土爲難信法不可不信

淨土爲難信之法言難信者略舉有十今居穢土習久心安乍聞彼國清淨莊嚴疑無此事難信一也縱信彼國又疑十方佛刹皆可往生何必定生極樂難

信二也縱信當生又疑娑婆之去極樂十萬億剎云何極遠而得往彼難信三也縱信不遠又疑博地凡夫罪障深重云何遽得往生彼國難信四也縱信得生又疑生此淨土必有奇妙法門多種功行云何但持名號遂得往生難信五也縱信持名又疑持此名號必須多歷年劫乃克成就云何一日七日便得生彼難信六也縱信七日得生又疑七趣受生不離胎卵濕化云何彼國悉是蓮華化生難信七也縱信蓮生又疑初心入道多涉退緣云何一生彼國便得不退難信八也縱信不退又疑此是接引鈍機衆生上

智利根不必生彼難信九也縱信利根　亦生又疑他經或說有佛或說無佛或有淨土或無　淨土狐疑不決難信十也故難信而曰一切世間是不但惡道難信而人天猶或疑之不但愚迷難信而賢智猶或疑之不特初機難信而久修猶或疑之不特凡夫難信而二乘猶或疑之故曰一切世間難信之法今於此世演說此法是猶入躶形之國宣示威儀對生盲之人指陳黑白此之謂難此之謂利他功德不可思議也　蓮池疏鈔

淨土了生死橫出三界不可不信

問人皆有生有死不得不生則不得不死念佛如何便能了得曰衆生造業受報生生死死歷劫循環永無了期所以佛自累劫修行以來專爲衆生出世說無量法門救衆生苦念佛求生淨土則無量法門之第一門也人能念佛則佛來接引生極樂國更無六道輪迴之苦何生死之不了哉是此一段生死大事佛來接引佛爲衆生了之也我能念佛實衆生之自了也或曰既云佛有無量法門安見餘門不了生死而必念佛曰餘門學道名竪出三界念佛往生名横出三界如蟲在竹竪則歷節難通横則一時透脫最

爲直捷最爲奇勝故云生死海中念佛第一人生百歲不聞此言不如孩童而得聞此官高一品不聞此言不如布衣而得聞此富積千箱不聞此言不如貧士而得聞此讀書萬卷不聞此言不如愚人而得聞此乃世之人實有聞者有不聞者聞之又有信與不信者既信矣或修或不修即修矣又或專或不專斯皆前世之障爲之邪故大心衆生獨能奮肰念佛以了生死而障不能礙是之謂烈丈夫　丁蓮侶

淨土念佛有力不可不信

撥寂室云衆生泛修善業唯依自力故難成若修淨

土依佛願力故易成譬如二人欲度大海一人必俟造船以往一人不爾但候便船自力修行與依佛願力得生西方者亦復如是大哉阿彌陀佛與二菩薩乘大願船就此娑婆苦惱之鄉呼引一切衆生越生死海到西方涅槃彼岸何其便哉石芝樂邦文類云多見世人念佛志願不堅今為說三種力可決疑情令念佛有味一者衆生本具佛性力衆生本心自具佛性與阿彌陀等無有異如經云佛觀一切衆生煩惱心中有如來身結跏趺坐儼然不動德相具足是也二彌陀慈光攝取力經云佛心者大慈悲是以無

緣慈攝衆生。又佛有八萬四千光明。攝取念佛衆生其心不捨是也。三者信心念佛功勳力。信心念佛人如子叫母。母必護之。如經云。憶佛念佛。現前當來必定見佛是也。此三種力。如三股繩。合爲大索。能牽重物至西方也。疏鈔亦云。但能一心不亂。命終之時佛必現前。以自力佛力感應道交。故佛力謂佛有本願故。若依般若則自力復二。一者念力。二者本有佛性力。兼以佛攝取力。乃成三力。本有如舟船。念佛如帆楫。佛攝取如便風。三事周圓。必登彼岸矣。合三說觀之。依佛願力之說。非欲廢自力也。明佛之尊而可恃佛甚求人而人不求佛佛無如之何矣三種力之說非薄視佛力也明已力之專而可用自有力而不用佛度有緣不能度無緣佛亦無如之何矣佛當念佛有恩我能念念有權爲仁由已而由人乎哉夫餘力則疑不足憑若佛力而何疑之有他力則疑不我借若自力而何不可信之有

淨土諸聖尊宿同歸不可不信

淨土爲諸聖尊宿所同歸畧舉言之觀無量壽佛經世尊放光徧照十方世界現諸佛國土韋提希唯願生極樂大無量壽經佛告彌勒於此世界有六十二

億不退菩薩往生極樂如遠照佛剎及十方往生者
未能具說觀佛三昧經佛記文殊當生極樂今傳誦
七祖發願偈華嚴經普賢菩薩列十種大願爲衆生
求生淨土天親菩薩著無量壽經論及淨土偈普勸
往生馬鳴菩薩西天第十二祖作起信論明求生淨
土最爲切要楞伽經記龍樹往生安樂大悲經載比
丘祁婆迦修植善根命終生西方成無垢光佛菩薩
生地經云佛言時摩差竭得不起法忍五百淸信士
二十五淸信女皆得不退轉地壽終俱生淸淨國中
國自廬山而後百丈海禪師馬祖嫡嗣立法祈禳僧

病化送亡僧悉歸安養淸涼國師紹華嚴祖位而指示彌陀卽盧舍那亦疏觀經弘揚淨土黃龍新禪師弘振宗風切意淨業有勸念佛文令人發哀起信眞歇了禪師繼淳公行教洞下一派至師大顯創菴補陀名孤絕一意西歸有淨土說慈受深禪師謂修行捷徑不越淨邦立西土道場遠邇從化寂堂元禪師學道密菴傑公篤信念佛三昧感金甲神降夢紅蓮從地出由此十洲蓮教大行中峯本禪師得法高峯妙公海內仰如山斗有懷淨土百篇至表章淨土現在流通如智大師觀經疏十疑論永明壽禪師萬善

同歸集四明妙宗鈔慈雲懺主淨土懺願儀、決疑行願門天如則禪師淨土或問大佑法師淨土指歸優曇法師蓮宗寶鑑智徹淨土據要道衍淨土善人咏宗曉樂邦文類蓮池彌陀經疏鈔、淨土疑辨、往生集揆之諸聖尊宿或以身或以言勸化之盛彰明較著耀古彌今矣人人具有佛性、人人應了大事、胡不篤信而力行之焉雲棲大師往西時、大衆哀請轉語閉目復開只云老實念佛、莫換題目其提醒專一若此世又傳唐釋善導大師爲世尊化身教主淨土謂身須專禮阿彌陀佛、不雜餘禮、口須專念阿彌陀佛、不稱餘號不誦餘經呪意須專想阿彌陀佛不修餘觀如是專修百卽百生千卽千生若雜修者百千中希得一二肰則雜修者難而難專修者易而易有志速超生死輪迴者舍佛無所歸舍西方無他途舍念佛無別門矣　克復附述

淨土勸修

決定如是可行之謂信決定如是而行之謂修可行而莫之行修既不力雖信無徵故亟勸焉勸有二義一勸自利一勸利他茫茫生死海中惟有空劫以前自己是我本來不早思認取尋解脫之門自甘淪沒誰任其辜且已不修其何以勸人修佛以度盡衆生爲心非止度衆生之一身實欲衆生生體其心以轉度衆生故由親而疎由巨而微使無央數世界衆生各各永離生死苦海不如是恐自已

本分上事、正末了也蓋淨土法門自他兼利、
故宜自他兼修、自他兼修故須自他兼勸勸
之至者無過如來金口所說此不稱引而但
錄後賢語者欲與衆共曉也全書皆勸獨名
此一冊者意有所專取也常不輕菩薩云、我
不敢輕於汝等汝等皆當作佛故西方淨土
乃提要門庭無人不可以修今勸一人而一
人修將來蓮華臺上便添一尊無上阿彌陀
佛勸人人而人人修將來便添無數阿彌陀
佛如勸之而褎如充耳不知六道中、又添墮

多少微塵衆生吾未如之何也已雖肰一歷耳根永為道種吾終於若人有深望焉述勸修第三

勸急辦大事不可不修

或問孔子曰人有遷家而忘其妻者有諸孔子曰又有甚焉桀紂則忘其身若以道眼觀之今人皆忘其身矣何則自早晨開目離寢至夜閒就寢閉目無非塵勞未嘗暫省吾身是皆忘其身也且人之於身以日言之莫大於饑渴必為飲食之備以歲言之莫大於寒暑必為裘葛之備以終身言之莫大於死生而

不爲淨土之備何哉不思人生皆如水泡生滅不常
人只見眼前老者不思不待老而去者多矣況世間
無非是苦不稱意時固爲苦矣如或稱意亦無多時
父母妻兒姻親眷屬或疾病死亡或殺傷離散或自
已大限忽至平生罪惡豈得全無且以目前言之起
一不正念說一不正語視一不正色聽一不正聲爲
一不正事無非過惡況所食者衆生之肉所衣者亦
殺衆生而得又況所有過惡不止於食肉衣帛思之
誠可畏也自生至死纏綿堅固無由解脫閉眼之後
不免隨業緣去杳杳冥冥知在何處或墮地獄或爲

畜生。或生餓鬼。或入修羅。雖有善業。得生天上人間

受盡福報。依舊輪迴。漂流汨沒。無有出期。唯西方淨

土。最爲超脫捷徑。色身難得。趁康健時。辦此大事。當

常作念云。吾自無始以來。輪迴六道。不曾知此法門。

故不得出離。今日知之。豈可不卽時下手。年高者固

當勉力。年少者亦不可因循。命終徑生極樂世界。迴

視死入陰府。受諸恐怖者。不可同日而語矣。

勸活物活計不可不修

人生時。父母妻子。屋宅田園。牛羊車馬。以至器皿衣

服等物。不問大小。色色無非已物。倉庫既盈。心猶未

足。金帛已多。營猶未止。一宿在外。便念其家。一針偶失。尋覓不已。舉眼動步。無非愛著。一旦大限到來、盡皆拋去。雖我此身、猶是棄物。況身外者乎。靜心思之恍如一夢。故莊子云。且有大覺。然後知此其大夢也。

古人有言。一日無常到、方知夢裏人。萬般將不去。唯有業隨身。予用後兩句。添兩句而成一偈云。萬般將不去。唯有業隨身。但念阿彌陀。定生極樂國。蓋業者。謂善業惡業。此皆將得去者。豈可不以淨土為業乎。

昔了明長老為衆普說。指此身而言曰。此為死物。其內潑潑地者。為活物。莫於死物上作活計。宜於活物上作活計余深愛此語故常爲人言之凡貪種種外物以奉其身者皆是死物上作活計也世人雖未能免此當於營生奉身之中撥塡刻之暇迴光自照以留心於淨土乃活物上作活計也且如汲汲營生雖富如石崇貴極一品終有數盡之期豈若淨土之無盡哉

勸神隨業往不可不修

譬如人入大城中必先覓安下處卻出幹事抵暮昏黑則有投宿之地先覓安下處者修淨土之謂也抵暮昏黑者大限到來之謂也有投宿之地者生蓮華

中、不落惡趣之謂也。又如春月遠行、先須備雨具、驟雨忽至、則無淋漓狼狽之患、先備雨具者、修淨土之謂也、驟雨忽至者、大命將盡之謂也、無淋漓狼狽之患者、不至沉淪惡趣、受諸苦惱之謂也。予一相識生平多殺魚之罪、晚年得病有似中風、予憐之、乃往見勸念阿彌陀佛、堅不肯念、但與予說雜話、豈非惡業所障、疾病所昏、不能回心念善、閉眼之後、將奈之何故修此者、宜急早回首也。世間晝必有夜、寒必有暑、人所共知、若生必有死、人乃諱之不肎說出、何太癡也、蓋不知所謂我者、初不曾死、唯業緣盡而去耳、何則凡人生者非生也以神之來而託於此其形由是而長故謂之生死者非死也以神之去而離於此其形由是而壞故謂之死是神者我也形者我所舍也我有去來故舍有成壞世之人不識其神徒見其形乃悅生而惡死可不爲悲乎且神何自來哉隨業緣而來神何自去哉隨業緣而去神者自無始以來投胎易殼不得久留於一所蓋以吾所造之業非久而不盡者故神之舍於業也業盡則形壞形壞則神無所舍又隨吾今世所造之業而往矣然則吾所往之處可不預計哉欲直脫輪迴永離苦惱無如往生淨

士故不可以不修也

勸兜率不如西方不可不修

智者十疑論云三菩薩修兜率一名無著二名世親三名師子覺約云先生兜率見彌勒者即來相報師子覺先亡數年無報後世親亡三年乃來云天日甚長我生兜率禮彌勒佛聽其說法即來相報已三年矣問師子覺如何云生兜率外院戀著天樂未曾見佛夫以菩薩而修兜率猶有戀著不見佛者即輪迴之根未斷是知兜率難修有墜非比西方易修無墜也世親即天親菩薩既昇兜率復著淨土偈法普勸

往生。然則淨土之當修。不益信乎

勸宿債須還富貴易墮不可不修

佛言、假令百千劫所作業不亡。因緣會遇時、果報還自受。永嘉大師亦云、了則業障本來空。未了應須還宿債。昔京師有喆老者。坐禪精苦四十年。不睡坐化時。紙襖亦焚出舍利。後生大富貴處。終身多受憂苦。生大富貴者。前生心願也。多受憂苦者。因緣宿債也。若以喆老之精修。而修西方。必爲不退轉地菩薩。即生死自如矣。然後來此世界。濟度衆生。豈復須還宿債哉。又有惠古長老。住浙東大刹。亦名行尊宿也。死而生宰相家登高科世固以為榮矣不知此亦失計也前世持齋今生食肉必以食肉為美矣前世守戒今生近色欲必以色欲為美矣前世清修今生享富貴必以富貴為美矣譬如大象入泥一步深如一步奈之何哉楞嚴經云聞所聞盡盡聞不住覺所覺空空覺極圓蓋謂所聞之事盡矣盡聞其不住也世間雖享快樂其如不住何又覺其所覺者皆歸於空空則無實矣能於此空而覺之則真覺之性極圓而無復墜墮也使古老悟此理必不生宰相家縱未能悟明真性何不且修西方竟脫輪迴之苦邪楞伽經謂

世間修行人如澄濁水澄之雖清未去濁脚攪之復濁古老之謂也如生西方見佛得道復來生此世則若刷去濁脚純爲清水雖攪之不復濁矣故雖苦行尊宿亦不可不修西方二老足爲炯鑒（已上纂龍舒文）

勸爲後身計不可不修

讚西方者記戒禪師後身爲蘇子瞻青草堂後身爲曾魯公遜長老後身爲李侍郎南菴主後身爲陳忠肅卯藏某後身爲張文定嚴首座後身爲王龜齡其次則乘禪師爲韓氏子敬寺僧爲岐王子又其次善旻爲董司戶女海印爲朱防禦女又甚而雁蕩僧爲

秦氏子檜。居權要。造諸惡業。此數公者。向使精求淨土。則焉有此愚。謂大願大力。如靈樹生生爲僧。而雲門三作國王。遂失神通。百世而下。如雲門者。能幾。況靈樹乎。爲常人。爲女人。爲惡人。則展轉下劣矣。卽爲諸名臣。亦非計之得也。甚哉。西方之不可不生也。或謂諸師後身之爲名臣。猶醍醐反而爲酥也。猶可也。爲常人則酪矣。爲女人則乳矣。乃至爲惡人。則毒藥矣。平生所修。果不足憑仗。則何貴於修乎。是大有說

凡修行人二力。一曰福力。堅持戒行。而作種種有爲功德者是也。二曰道力。堅持正觀。而念念在般若中

者是也。純乎道力、如靈樹者是。勿論道力、勝福力、則處富貴而不迷。福力勝道力、則迷於富貴、固未可保也。於中貪欲重、而爲女人。貪嗔俱重、而爲惡人。則但修福力、而道力轉輕之故也。雖然、倘勤修道力、而更助之以願力、得從於諸上善人之後。豈惟惡人將名臣亦所不爲矣。甚哉西方之不可不生也。

蓮池大師

勸佛心爲心轉勸人人

予爲此淨土說、欲勸一切見者聞者、廣大其心、以佛之心爲心。使人人知之、而盡生淨土。當起念云、此法門人若知之、如已知之。豈不快哉。人若不知、如已不知。豈不痛哉。若止於自修。則是聲聞之徒。各爲小乘。如車乘之小者。僅能自濟。此佛所謂斷佛種者也。能廣勸人者。名爲大乘菩薩。如車乘之大者。人我兼濟之謂。此獲無量福報。所以能至佛地也。故能勸人修淨土。以此善緣。消釋罪惡。可增崇福壽。可莊嚴往生功德。可追薦亡者。亦可但至誠呪願。無不獲其功果。觀房翥傳可信矣。況受勸者。又遞相轉勸而不已乎。勸人善道。名爲法施。此淨土法門。爲法施之大者。遂超出輪迴。不致退轉。直至成佛而後已。是生於彼者。雖未成佛。乃成佛之階梯。能勸一人修淨土。即成就一衆生作佛也凡作佛者必度無量之衆生彼所度之衆生皆由我而始則其福報豈有限量乎哉故大慈菩薩勸修西方偈云能勸二人修此自已精進勸至十餘人福德已無量如勸百與千名爲眞菩薩又能過萬數卽是阿彌陀

勸隨遇隨勸度盡衆生

古云將此身心奉塵刹是則名爲報佛恩故以淨土勸人正與觀經所云勸進行者相符要發慈悲憐憫之心隨遇隨勸不拘何等樣人凡爲吾所受恩者吾告以淨土而報之爲所親愛者吾告以淨土而誨之

下至僕隸有事我之勞以及生平無半面之識者吾遇之皆告以淨土使脫苦海而登彼岸不特此也初釋迦修行山中被歌利王割截身體。時國王出獵問獸所在佛念若實告之則害獸不實告之則妄語沉吟未對王怒斫去一臂再問未對又斫去一臂隨發願云我作佛時先度此人不使世人效彼為惡卒之首度者陳憍如即歌利王也然則雖寃仇之人尚願得道後首度之況其他乎又非特此佛在世時有一國難化佛言與目連有緣使往化之其國人皆從教弟子問故佛言往世目連為樵人於山間驚起一羣蜂子目連向蜂云我得道後盡度此等今國人者乃當時蜂子也。由此觀之。則凡一切飛走之類。以至有形可見與無形可見者。皆當爲之稱念阿彌陀佛數十聲。發善願云。願汝等盡生極樂。我得道後。盡度汝等。如此則吾之善念甚熟。於一切衆生。皆爲有緣。吾往生上品無疑矣。他時化度。有不樂從者哉。已上上纂龍舒文

勸出世間孝勸二親修

世間之孝三。出世間之孝一。世間之孝一者。甘旨以養其親。二者。爵祿以榮其親。三者。修德勵行。成聖賢以顯其親。是則世間之所謂孝也。出世間之孝。則勸其親齋戒奉道。一心念佛。求願往生。親覲彌陀。得不

退轉人子報親於是爲大子生晚甫聞佛法而風木之痛已至作自傷不孝文以伸悲恨雖欲追之末由也已奉告諸人父母在堂早勸念佛父母亡日課佛三年其不能者或一週歲或七七日皆可也孝子欲報劬勞之恩不可不知此

勸人人念佛

彌陀經言若人念佛臨命終時必生彼國又觀經言念佛之人生彼國者蓮分九品蓋此念佛法門不論男女僧俗不論貴賤賢愚但一心不亂隨其功行大小九品往生故知世間無有一人不應念佛若人富

貴受用見成、正好念佛若人貧窮家小累小、正好念佛若人有子宗祀得託、正好念佛若人無子孤身自由、正好念佛若人子孝安受供養、正好念佛若人子逆免生恩愛、正好念佛若人無病趁身康健、正好念佛若人有病切近無常、正好念佛若人年老光景無多、正好念佛若人年少精神清利、正好念佛若人處閑心無事擾、正好念佛若人處忙忙裏偷閒、正好念佛若人出家逍遙物外、正好念佛若人在家知是火宅、正好念佛若人聰明通曉淨土、正好念佛若人愚魯別無所能、正好念佛若人持律律是佛制、正好念佛若人看經經是佛說正好念佛若人參禪禪是佛心正好念佛若人悟道悟須佛證正好念佛普勸諸人火急念佛九品往生花開見佛見佛聞法究竟成佛始知自心本來是佛

勸眞實念佛

夫學佛者無取莊嚴形迹止貴眞實修行在家居士不必定要緇衣道巾帶髮之人自可常服念佛不必定要敲魚擊鼓好靜之人自可寂嘿念佛不必定要成羣作會怕事之人自可閉門念佛不必定要入寺聽經識字之人自可依教念佛千里燒香不如安坐

家堂念佛供奉邪師不如孝順父母念佛廣交魔友不如獨身清淨念佛寄庫來生不如見在作福念佛許願保禳不如悔過自新念佛習學外道文書不如一字不識念佛無知妄談禪理不如老實持戒念佛希求妖鬼靈通不如正信因果念佛以要言之端心滅惡如是念佛號曰善人攝心除散如是念佛號曰賢人悟心斷惑如是念佛號曰聖人 以上蓮池大師

勸學者念佛

克復向有勸人念佛說曰南無阿彌陀佛六字不直爲修行徑路亦的是救苦慈航恒見年少學者見人

念佛。便爲聡笑。或已有所悟。偶省念佛。輒愧赧避人。此皆識力未到。不及究心大乘經典。博參不貳宗旨。及彼業重障深。故生疑謗。不知爾今倖值得意時不肯念。到失意時少不得念。順境時不肯念。到逆境時少不得念。無疾痛時不肯念。到病篤垂死時少不得念。强壯時不肯念。到衰暮時少不得念。縱眼光垂瞑時不肯念。到轉身入木。殯埋薦度時。少不得念。呼吸尚存。不知不覺。忽然口中念出佛來。還算與佛有緣。只怕七尺忽橫。三寸易斷。者句佛要念竟不及耳。所以臨終十念。卽得往生。冥司地獄。志心念佛。所造罪業一切俱消或曰此際勉強稱念亦易余曰否否譬之讀文字人才念得文字出讀文字人尤在少時無雜想有精力讀得透熟至老年魂夢中常常念得出爾生平並無信佛歸佛念佛之心迅速無常不保手忙脚亂神昏膽怯汩沒三途胸中並無者佛口中那容易念得者句佛出昔白樂天繪西方極樂圖蘇子瞻佩阿彌陀佛像文潞公集淨土會王虛中著淨土文近世蓮大師有阿彌疏鈔袁中郎有西方合論袁玉蟠深悔少壯所學所行無關生死暮年純提念佛往生示人先進留心此道如此吾輩切莫忽此六字

為齋公齋婆所常念若能到一心不亂地步齋公齋婆於成佛乎何有

富陽馬公邦良以太僕卿丁艱過姑蘇候座師王荊石相國至一寺禮佛悲淚不止時有二孝廉迎之揖坐問曰公何以信佛眞實如是公曰嗚呼佛可不信邪信佛可不眞實邪言佛法難遇則淚下言人身難得則淚下言三途難免則淚益如雨下二孝廉悚然問故公曰佛法利益天人非歷劫善根深厚者鮮不覿面失之見而不誠切敬信反生疑謗故難遭遇失此報身業海茫茫受苦無量痛骨酸心曷禁淚下二

孝廉曰、公言人身難得、舉目便是三人、併諸左右皆非人邪、時方仲夏、公以扇一揮、羣蠅四飛、詰曰、蠅多與人多與、二孝廉憮然久之、公曰、始吾爲諸生時、恭上帝旨、掌五閻王事、每一蹤案、悽慘之狀不忍見、悲號之聲不忍聞、千百人中、不失人身者、指一二屈耳、如是作、如是受、絕無失出失入於其間、惟信佛念佛、往生清泰者、不至冥途、然則佛可不信邪、念佛可不眞實邪、言未訖、涕泗交集、旁觀皆爲感動、二孝廉信禮而散、嗟乎、馬公之言、近而有徵、其爲丹徒令時、仁慈正直、一方推爲神、君崇祀不替、有以哉唐宜之曰、宇宙無佛法、遍大地無快活人矣、總貧賤患難富貴功名、均有煩惱不足、誰能解脫者、自佛法流通、但沾涓滴、便得轉身適意、之所向、聞子將初下第、告大石師言、我輩功名不就、唯有念佛、師云、居士榮華未遂、廼欲念佛、修佛豈釋迦如來是晦氣人做的、一座爲之鼓掌、余曰、晦氣人念佛、有進步處、得意人念佛、有退步處、甚矣、佛法不可不知也、念佛命終、生極樂國、念佛生前、享快活福、巳上附述

淨土念佛法門

既信矣。修矣。須有眞實修持之法。方得其門而入。法門不一。大約以念佛爲宗。以行普爲要。今第四第五所列是也。念佛實三藏之一貫法。諸法門只一佛。盡之佛者覺也。覺本自心。佛只一心。盡之念佛而悟。則禪在其中。念佛。而攝心返照。則止觀在其中。能念者心。所念者佛。卽心卽佛。非心非佛。非雙卽非雙。非能所兩絕。三觀三智。卽此而具。蓮池曰。念佛一門分三種。曰持名念佛。曰觀想念佛。曰實相念佛雖有三種究竟歸乎實相而已古德云觀法理微衆生心雜雜心修觀觀想難成大聖悲憐直勸專持名號良由持名易故若其持名深達實相則與妙觀同功上上品當不疑矣故疏鈔專弘持名一門甘露疏亦言念佛有七種勝一詞少易行勝唯稱一句南無阿彌陀佛一切人可念故觀此知持名爲衆可通行之法故首列之而以觀法繼焉修者隨力隨分或持名兼觀想或觀想兼持名總是一佛不必有提一放一之慮如未能修

觀。可專守持名一法。所謂歸元。理無二。方便有多門。及其成功一也。

述念佛法門第四

十聲念佛誦偈法門

阿彌陀佛本願云。衆生至心信樂。欲生我國十聲念我名號而不生者。我不作佛。宜每日早晨。合掌向西頂禮。念南無阿彌陀佛。南無觀世音菩薩南無大勢至菩薩。南無一切菩薩。聲聞諸上善人。各十聲。復頂禮。念大慈菩薩。讚佛懺罪迴向發願全偈一遍云。十方三世佛。阿彌陀第一。九品度衆生。威德無窮極。我今大歸依。懺悔三業罪。凡有諸福善。至心用迴向。願同念佛人。感應隨時現。臨終西方境分明在目前。見聞皆精進。共生極樂國。見佛了生死。如佛度一切。復頂禮而退。此偈有大威力。能滅一切罪。長一切福。頂禮時。燒香作拜尤善。每日誠心如是。必中品生。如不識字人。未能如前禮誦。每早合掌、向西、至誠頂禮、念佛十聲。念菩薩發願偈四句云。願同念佛人。共生極樂國。見佛了生死。如佛度一切。復頂禮而退。如此無不往生。龍舒文

十氣十念法門

在俗人塵務忙冗。每日清晨服飾已。面西合掌。念南

無阿彌陀佛盡一口氣爲一念如是十氣名爲十念不限佛數但隨氣短長氣極爲度其念佛聲不高不低調停得中如此十念連續不斷意在令心不散專精爲功是藉氣束心也迴向願以此十念功德求生西方畢此一生不閒往生無疑 慈雲懺主

六時晨昏念佛法門

遠師結東林社六時修禮淨土唐詩云遠公獨刻蓮花漏猶向山中禮六時是也凡修持者先於淨室安置佛像香燈隨分供養澡浴塵垢著潔淨衣於日初時日午時日沒時夜初時夜半時夜終時對三寶前

端身合掌。信禮西方。目覩慈容。念南無阿彌陀佛千聲。禮佛四十八拜。誦西方文。發願回向。每日六時行道。精專不倦。淨業圓成。必得上品上生。又雲棲晨昏儀式。加誦彌陀佛經一卷。往生咒三遍。念佛千聲。南無觀世音菩薩。南無大勢至菩薩。南無清淨大海衆菩薩。各十聲。禮拜量力多少。念大小願文。迴向。此式簡便的確。或每日三時。或早晚。通衆可行。允宜倣效其或縈絆世緣。未能如式。則須早起焚香。禮佛念佛黃昏亦爾。如是禮念。更不得缺。或偶有公事。失於禮念者。次早卽當對佛懺悔。合纂

懺罪念佛法門

大彌陀經言十方諸天人民聞我名號齋戒清淨益作諸善一心繫念於我雖止一晝夜不絕必生我刹又云前世作惡聞我名號卽懺悔爲善願生我刹壽終皆不經三惡道徑遂來生凡修持者先當嚴淨壇場香燈設供延比丘及諸上善人白佛陳意勿預家事勿近內人齋戒修持繫念佛號一晝一夜每佛千聲誦彌陀經一卷如是三次志心懺悔回向

一相念佛三昧法門

大般若經佛言菩薩能正修行一相莊嚴三昧疾證

菩提修此行者。應離喧雜。不思衆相。專心繫念。於一如來。審取名字。善想容儀。卽爲普觀三世一切諸佛。卽得諸佛一切智慧。天台十疑論云。一切諸佛悉皆平等。但衆生根鈍濁亂者多。若不專心繫念一佛。則心散漫。三昧難成。故專令念阿彌陀佛。卽是一相三昧。修持者當一心專念。夢覺不忘。不以餘業間斷。不以貪瞋等間隔。隨犯隨懺悔。不隔念。不隔日。不隔時。念念常不離佛。念念淸淨圓明。卽得一相三昧。

攝心調息念佛三昧法門

大集經云。求無上菩提者。應修念佛禪三昧。偈云。若入專念彌陀佛號曰無上深妙禪至心想像見佛時卽是不生不滅法坐禪三昧經云菩薩坐禪不念一切惟念一佛卽得三昧初機修習未免昏散二病須假對治人天寶鑑云凡修禪定卽入靜室正身端坐數出入息從一數至十從十數至百至千萬此身兀肰此心寂肰與虛空等不煩禁止久之一息自住不出不入時覺此息從毛孔中八萬四千雲蒸霧起無始已來諸病自除諸障自滅自肰明悟如盲人忽肰有眼爾時見徹不用尋人指路也今此攝心念佛欲成三昧對治昏散之法數息最要凡坐時先想已身

在圓光中默觀鼻端想出入息每一息默念南無阿彌陀佛一聲方便調息不緩不急心息相依隨其出入行住坐臥皆可行之勿令閒斷常自密持乃至深入禪定息念兩忘即此身心與虛空等久久純熟心眼開通三昧忽爾現前即是唯心淨土已上蓮宗寶鑑

世人多以寶玉金剛菩提木槵為數珠吾則依出入息為念珠焉稱佛名號隨之於息有大恃怙安懼一息不還屬後世哉余行住坐臥常用此珠縱令昏寐含佛而寢覺即續之必於夢中得見彼佛如鑽燧烟飛火之前相夢之之不已三昧成焉面覩玉毫親蒙授

記萬無一失也。草堂禪師寶王論

參禪念佛三昧法門

遠祖師云：禪非智無以窮其寂，智非禪無以深其照。禪智者，照寂之謂，其相濟也。照不離寂，寂不離照。念佛人欲參禪見性，但依此法，於靜室端坐，掃除緣累，截斷情塵，瞠開兩睛，外不著境，內不住定，回光一照，內外俱寂，然後密密舉念南無阿彌陀佛三五聲，回光自看云：見性則成佛，畢竟那箇是我本性阿彌陀？卻又照覷看：只今舉底者一念從何處起？覷破者一念，復又覷破者覷底是誰？參良久，又舉念阿彌陀佛又如是覷如是參急切做工夫勿令間斷惺惺不昧如雞抱卵不拘四威儀中亦如是舉如是看如是參忽於行住坐臥處聞聲見色時豁然明悟親見本性彌陀內外身心一時透脫盡大地是箇西方萬象森羅無非自己靜無遺照動不離寂然後接引未悟悲智圓融得生上上品名實報莊嚴土

兜率悅禪師示衆三關一撥草參玄只圖見性只今上人性在甚處二識得本性要脫生死生死到來作麼生脫三脫得生死要知去處四大分離向甚處去透此關則不拘生死不礙去來今念佛人於十二時

中持一句阿彌陀佛思專想寂更能回光自看如何是我本性四大分離向甚處去常有此疑驀肰識得便知落處卽此是直捷底修行正道 已上蓮宗寶鑑

總論持名念佛

諸菩薩衆有恒沙劫中修六度萬行未能滿足今一心念佛萬緣自捨卽布施波羅蜜一心念佛諸惡自杜卽持戒波羅蜜一心念佛心自柔軟卽忍辱波羅蜜一心念佛永不退墮卽精進波羅蜜一心念佛餘想不生卽禪定波羅蜜一心念佛正念分明卽智慧波羅蜜推而極之不出一心萬行具足安住無上菩

提是爲最勝方便 疏鈔

持名之法亦無定則或高聲念或低聲念或流水念或頂禮念或記數念或不記數念或行步念或住立念或靜坐念或側臥念或默念或明念或微動唇舌念或一氣數聲念或病怯隨氣呼吸念或獨自念或與衆同念惟在令心不亂有勸人厲聲念佛三昧易成小聲念佛心多馳散以故辟散之要尤在於聲之厲也

真切念佛復有數種一勇猛念太文弱來不得如孝子報父母深讎縱高崖深淵燐途虎窟必往不怯故

一悲傷念太灑落來不得每一想佛身毛皆豎五內若裂如憶少背之慈母及多慧之亡見故一感憤念太和平來不得如落第孤寒負才寂寞每一念及殆不欲生故一戀慕念太淡泊來不得如已所深愛物魂夢纏綿惟恐或失故一樂事現前踴躍懽喜念如寒得衣飢得食故一惡緣照面悔恨激切念如死裏逃生故總之心口相一字字從肝髓中流出方是念佛真境合纂

總論念佛事理一心

一心不亂言執持之極也是為一經要旨心者揀口

誦而心不念也一者揀心雖念而念不一也不亂者揀念雖一而有時乎不一也一心不亂淨業之能事畢矣執持中以憶念體究畧分二種憶念者聞佛名號常憶常念以心緣歷字字分明前句後句相續不斷行住坐臥唯此一念無第二念如成具光明定意經所謂空閒寂寞而一其心在衆煩惱而一其心乃至褒訕利失善惡等處皆一其心者是也事上即得理上未徹惟得信力未見道故有定無慧名事一心也言定者以伏妄故無慧者以未能破妄故體究者聞佛名號不惟憶念即念反觀體究根源體究之極

於自本心忽然契合。二義初卽如智不二能念心外。無有佛爲我所念是智外無如所念佛外無有心能。念於佛是如外無智非如非智故惟一心二卽寂照。難思若言其有則能念之心本體自空所念之佛了。不可得若言其無則能念之心靈靈不昧所念之佛。歷歷分明若言亦有亦無則有念無念俱泯若言非。有非無則有念無念俱存非有則常寂非無則常照。非雙亦非雙非則不寂不照而照而寂言思路絕無。可名狀故唯一心斯則能所情消有無見盡淸淨本。然之體更有何法而爲雜亂以見諦故慧得兼定名理一心也言慧者能照妄故兼定者照妄本空妄自伏故又照能破妄不但伏故朕事理雖分機亦互通不必疑阻事念者自疑理性不明所爲無益當知事得通理如大勢至圓通章云不假方便自得心開空谷云不參念佛是誰直爾純一念去亦有悟日是也理念者自疑稱佛名少或致落空當知理得通事念念理一是念念彌陀也其爲稱名不亦大乎是故攝心體心兩種念佛事理互通本不二故 疏鈔

禮念時觀想法門

疏鈔云當禮佛時觀想已身在蓮華中恭虔作禮佛

在蓮華中受我禮敬當念佛時觀想已身在蓮華中結跏趺坐佛坐蓮華中接引於我然後一心持名昔有二僧作蓮華開合想遂得往生況加之持名有不生者邪龍舒文云念佛時心想身在淨土佛前合掌志心念佛念菩薩亦然念一切菩薩聲聞諸上善人心想身在淨土其念誦聲遍於一切菩薩善人之前拜時亦想在淨土作拜念偈亦想在淨土佛前恭敬念偈唯有佛菩薩像不須如此亦須想其像如佛菩薩現身在此受我禮拜聽我念誦專志如是往生品第必高此敎觀想法亦通衆可行之法（合纂）

觀想佛毫法門

齋戒潔已。清心靜慮。面西默坐。閉目觀想阿彌陀佛眞金色身。在西方七寶池中大蓮華上坐。其身長丈六。兩眉中間向上有白毫一條。八稜中空。右旋轉五遭。光明瑩徹。照映金顏。次停心注想白毫。不得妄有分毫他念。令閉眼開眼悉皆見之。如此久久。念心成熟。自然感應。見佛全身。此法爲最上。謂心想佛時。此心卽是佛。又過於口念也。身後必上品上生。唐啟芳圓果二人作觀想法。只五月。自覺身到淨土。見佛聞法。餘詳載十六觀經。龍舒文竊見邇年禪律講之期，所在宣揚，唯淨土觀門，廢閣不講。夫世間口裏誦佛之人不少，而生淨土不多者，不修觀門故。蓋往生者心能往，口不能往也。使修觀之人，源源不絕，著衣喫飯，常在觀中，或神遊蓮海華中禮佛，或坐矚金容，光輝四映，或面覩彌陀，身滿虛空，或靜見伴侶，同臨德水。昔人所謂守此一觀，庶階其峯，不可不知也。 唐宜之

一心三觀念佛三昧法門

智者大師云：諸佛教理，既明非觀行無以復性，乃依一心三諦之理，示三止三觀，一一觀心，念念不可得

先空次假後中離二邊而觀一心如雲外之月者此別教之行相也又云破一切惑莫盛乎空建一切法莫盛乎假究竟一切性莫大乎中故一中一切中無假無空無不中空假亦爾即圓教之行相也龍樹菩薩偈云因緣所生法我說即是空亦名爲假名亦名中道義三諦者中諦統一切法眞諦泯一切法俗諦立一切法舉一即三非前後也此皆含生本具非造作所得而秘藏不顯者爲三惑所覆故無明翳乎法性塵沙障乎化導見思阻乎空寂由是立三觀破三惑證三智成三德空觀者破見思惑證一切智成般

若德假觀者破塵沙惑證道種智成解脫德中觀者破無明惑證一切種智成法身德然茲三諦性所自有窮理盡性故與禪宗異而非異也行者念佛之時意根爲因白毫圓光爲緣所起之念卽所生法諦觀念佛心起卽是假名體之卽空洞見此心有如來藏是離邊顯中若根若塵並是法界諸佛衆生一念普應是卽邊而中無佛無念此乃大乘圓修三觀念佛也故曰無相無空無不空卽是如來眞實相 蓮宗寶鑑

論約心觀佛

觀無量壽佛經云若欲志心生西方者先當觀丈六

金像在池水上如先所說身量無邊非是凡夫心力所及是則八萬相好乃十信位人方得見之非凡夫初心所觀境界故令觀丈六之身身有三十二相不可徧觀須從一相好入但觀眉間白毫三十二相自肰當現欲觀此相應先了萬法唯心一切唯識故經云心包太虛量周沙界又云心如工畫師造種種五陰五陰色受想行識也一切世間中莫不從心造是則極樂依報國土寶樹寶地寶池彌陀海衆正報之身三十二相等皆是我心本具我心所造不向外來能了此者方可論卽心觀佛方得云唯心淨土本性彌陀故天

台大師釋是心作佛是心是佛二句從修觀邊說名爲心作從本具邊說名爲心是佛即心觀佛亦名約心觀佛約心就託佛邊說即心就本具邊說各舉一義意必雙含何者彌陀淨土既是我心本具是故託彼果佛三十二相熏我自心本具法身性體觀智若成自然發現妙宗鈔云託彼依正熏乎心性心性易發即此義也佛引喻云如執明鏡自見面像鏡喻觀法執喻修觀見像喻觀成即是本性佛也

論一心三觀

約心觀佛須用三觀體之觀成時眞佛方顯空假中

三觀就能觀邊論三諦就所顯邊說諦觀不二能所一如故祖師云三諦三觀三非三三一一三無所寄諦觀各別體復同是故能所二非二斯之謂也如照此白毫卽是我心心外無法法法不可得是空其相宛肰是假假卽是境空卽是觀了了通達不爲境所染亡假也了了通達不爲智所淨亡空也所觀之境旣空能觀之觀亦寂非染非淨能所頓亡卽是中道若論假觀亦復如是白毫宛肰如比丘觀骨起種種光是假其相不可得是空此無持來者亦無有此骨是中也若論中觀了此白毫非空非假若心有想則

癡無想是泥洹是法不可示皆念想所為亡二邊也、旣其雙亡必也雙照以雙照故空假宛然亡照同時、不可前後是則一空一切空三觀俱空一假一切假三觀俱假一中一切中三觀俱中一心三觀三諦一境不前不後絕思絕議是為圓頓三昧

十六勝境俱用一心三觀觀於三諦一境得其指歸提徑者無如懷則大師引光明疏云達一念性具三千妙境(境卽是假)本來空寂(空卽是觀是為雙照空假)無能觀空(不為智所)(淨亡空也)無所觀境(不為染亡假也)境觀雙絕能所頓亡(雙亡二邊)(是為中道)是為日用中一心三觀更無前後又頌曰境為

妙假觀爲空境觀雙亡即是中亡照何曾有前後一心融絕了無蹤果能如是修如是觀所謂惟心淨土本性彌陀無時不在行者心目開矣妙宗云初五濁輕爲同居淨土如戒善者四教凡位皆能令五濁輕薄感同居淨而圓觀輕濁感同居依正最淨方便淨土亦圓入最淨故欲生極樂上上品生者不可不究一心三觀之深旨也 已上纂懷則大師境觀要門

論圓修三觀生四淨土

五大六根六塵六識爲六凡法界俗諦十二因緣四諦爲二乘法界眞諦六度波羅蜜三號四德爲佛菩

薩法界中諦畢空如來藏圓融眞諦而十界三諦俱非天台所謂一眞一切眞無俗無中而不眞三諦俱有泯法之用也畢不空如來藏俗諦而十界三諦俱卽所謂一俗一切俗無眞無中而不俗三諦俱有立法之功也畢空不空如來藏中諦而十界三諦俱離卽離非是卽非卽所謂一中一切中無俗無眞而不中三諦俱有統法之能也其實三諦只在一心卽破卽立卽立卽破卽非破非立而破而立此如來藏性常住眞心法本如是法華名爲諸法實相首楞嚴名爲擣萬種香爲丸華嚴名爲一微塵中具大千經卷

觀經名爲如來法界身皆此不思議圓融三諦也三諦乃所觀之境三觀則能觀之觀稱性而觀絕待而照凡照一境言行布則卽一而三言圓融則卽三而一如以空觀觀空如來藏眞諦則三諦皆空俗諦空則此觀能空見思顯眞諦理眞諦空則此觀能空塵沙顯俗諦理中諦空則此觀能空無明顯中諦理以假觀觀不空如來藏俗諦則三諦俱立俗諦立能破塵沙眞諦立能破見思中諦立能破無明以中觀觀空不空如來藏中諦則三諦皆中隨舉一觀卽具三觀舉一空觀假中亦空三觀悉能蕩相著故舉一假

觀中空亦假三觀皆有立法義故舉一中觀空假亦中三觀當處皆絕待故圓人求生極樂發願即以一心三觀觀西方依正即一境而三諦觀凡聖同居土此三觀也即觀上三土亦此三觀也蓋六凡見乎有見思為之弊故二乘見乎空塵沙為之病故菩薩於二邊不得從容乎中道無明為之翳故順性修乎三觀則因輕五濁破見思塵沙無明三惑既盡而十界依正三德彌顯以三觀智輕其五濁則六凡依正顯故而同居淨土成是生極樂上品淨土以三觀智破見思則二乘依正顯是生方便上品淨土以三觀智

分斷無明則菩薩依正顯是生實報上品淨土以三

觀智破盡無明則佛界依正顯是生寂光上品淨土

纂無盡淨土圖說

淨土功行法門

淨業重功行大要以善爲歸優曇云六度萬行不出一心八萬四千法門智慧功德皆從一念念佛中生出是則淨土法門一念佛蔽之矣奚求多爲雖然六祖云心中若無不善西方去此不遙若懷不善之心念佛求生難到此實古今至論白蓮慈照導師示弟子亦云汝專念彌陀若不持戒則有毀犯罪不布施則長慳貪業不恭敬一切則有輕慢業似此惡業障蔽欲生淨土其可得乎考阿彌本

行善護三業、修福修慧、故知善之極處即佛、修善者作佛之基、佛者修善之師、雖經言極惡人十念往生、亦是一線至誠善心、隨感隨應、非此外別有出路也、或曰、功行是世諦中事、何當於法、予謂假佛法不如眞世諦、況世界微塵、皆佛法所遍攝、寧世諦獨非法乎、維摩經言、不善不生、善法不滅、是爲佛性不生不滅、即此是涅槃正路、斷三不善業、即謂之閉諸惡趣門、若欲并世諦而空之、是頑空、非眞空矣、蓮池師序崇行錄曰、事道孰爲本德行爲本聽其言趨佛祖之先稽其行落凡庸之後此末法之弊而明眼大德之所呵也故修淨業者念佛時須心善心行善行心行與佛孚契自然心淨土淨斯之謂惟心淨土本性彌陀佛與善無二心念佛與功行非二門學道人切莫作兩橛看述功行法門第五

孝養父母正因

有爲僧不孝父母者予深責之或曰出家旣辭親割愛責之則反動其恩愛心矣曰惡是何言也大孝釋迦尊累劫報親恩積因成正覺而梵網云戒雖萬行

以孝爲宗觀經云孝養父母淨業正因古人有作堂奉母者擔母乞食者未嘗以恩愛累也奈何於親割愛而諦交施主不絕餽遺畜養弟子過於骨肉是無親而有親出一愛而復入一愛也何顛倒乃爾且已受十方供養飽煖安居而坐視父母之饑寒寥落女安則爲之　竹窗三筆

欲出家者或因緣未和父母不聽宜盡在家之孝勸修出世之因若能卽俗而眞亦有成佛之路　蓮宗寶鑑

太和楊黼辭親入蜀訪無際大士途遇一老僧僧問所往曰訪無際僧曰見無際不見佛黼問佛安在僧

日予速回但見著某色衣履者即是也遂歸夜抵家叩門母聞聲喜甚披衣啟戶即老僧所云佛狀也嗣自此極力事親致愛致敬註孝經數萬言偶硯竭欲取水水忽盈昌宗起日六朝崇信孝經高人名士或以殉葬或以薦靈病誦之愈難誦之解故皇侃日誦孝經二十遍擬觀音經則堂上之佛與名山之佛無異也儒之孝經與佛說諸經亦無異也楊公註經之靈異如是往生上品何疑 感應疏案

慈心不殺正因

觀世音謂萬善皆生於慈慈以愛人慈以愛物故殺

生爲諸戒之首戒殺則爲大善殺則爲大惡故曰凡欲殺生者但將自己看自身不可殺物命無兩般所以不殺得長壽報殺則短命報蓋已欲生物亦欲生殺物命而欲已之命長烏有是理殺生以資口腹則放箸之後滋味已空而殺業俱在若殺生以供賓客則平日戒殺定不我罪況其殺業已自當之何爲人而忘已耶若以祀先則孔子有蔬食菜羹之祭若以祭神則神明淸淨正直不享血食此周易有東隣殺牛不如西隣禴祭之文能持此不殺一戒以修淨土往生已非下品至若深着世味不能長齋者且持月

六齋月十齋正五九月齋衆、生肉本非所食之物、以耳聞目見慣熟不知其非誠修淨土斷以長蔬斷肉爲上如不能斷且食三淨肉（謂不見殺、不聞殺、不疑爲己殺）而減省之食若兼味且去其一每食皆肉且間以素人生祿料有數若此自可延壽積養慈心漸入佳境語曰世上欲無刀兵劫須是衆生不食肉不免食三淨肉者、次日可爲所食肉衆生念西方四聖號并眞言以資薦往生　纂龍舒文

蓮池云天地生物以供人食如種種穀種種果種種蔬茶種種水陸珍味而人又以智巧餅之餌之鹽之

酢之烹之炮之可謂千足萬足何苦復將同有血氣同有子母同有知覺覺痛覺癢覺生覺死之物而殺食之豈理也哉尋常說只要心好不在齋素嗟乎戮其身而啖其肉天下之凶心毒心惡心孰甚焉好心當在何處程鸞淡話云或曰好心好事不在區區全活禽獸上但無欺人之心無害人之事可矣抑知親親仁愛人與物有先後之分無彼此之別於物既忍欺忍害於人必無不欺不害何也人止此一念不忍豈有獨忍於物而不忍於人者哉今物見人操刀時未嘗不戰慄悲號奈智力不敵人遂為人殺耳因果

所載含冤索命事理必然黃魯直詩云我肉衆生肉名殊體不殊原同一種性只是別形軀苦惱從他受肥甘爲我需莫敎閻老判自揣看何如今殺運方興兵寇充塞動遭屠戮嘗見避亂者往往巧與兇値佛云因緣會合果報難逃造殺業者必遭殺報此之謂也欲轉劫輪放生戒殺求生淨土 合纂

持戒十善正因

涅槃云佛在世日以佛爲師佛滅度後以戒爲師梵網云戒如明日月亦如瓔珞珠微塵菩薩衆由是成正覺故持戒爲修道之基佛制優婆塞五戒沙彌十

戒比丘二百五十戒菩薩十重四十八輕戒總以五戒爲本謂殺盜婬妄言飲酒不言食肉者攝於殺戒也又殺盜淫爲身三業妄言綺語兩舌惡口爲口四業貪欲嗔恨邪見爲意三業合爲十戒持而不犯是名十善不飲酒不食肉不婬欲不食五辛則謂之齋持十戒乃得生天持五戒可不失人身若全持齋戒修十善業又禮佛念佛讀誦大乘解第一義以此迴向願生西方必上品上生止持五戒而修淨土亦不失中品上生

佛以貪嗔癡爲三毒貪毒在心而見之於身則爲盜

故或明或暗皆謂盜取五欲已為最如來有言使世
間更有一事如婬慾者人之得道蓋亦鮮矣圓覺經
云一切衆生皆因淫慾而正性命千生萬劫向此中
來故淫慾偏重八難三途向此中去亦惟婬禍最慘
楞嚴經云汝修三昧本出塵勞婬心不除塵不可出
縱有多智禪定現前若不斷婬必落魔道又云汝以
婬心求佛妙果縱得妙悟皆是婬根根本成淫輪轉
三途必不能出此經首借婬室立言蓋直從衆生根
本無明首拈立案然後向道有機實是如來頂門針
法又四十二章經云佛告諸沙門愼無視又八若見

無見愼無與言若與言者敕心正行曰吾爲沙門處於濁世當如蓮華不爲泥所汚老者以爲母長者以爲姊少者如妹幼者如女敬之以禮意殊當諦惟觀自頭至足自視內彼身何有惟盛惡露諸不淨種以釋其意按此經語實釋氏最典則之訓不止沙門宜肰也

子感應經註云殺盜婬三業婬根尤爲難拔鋒刃在前內胸知惻穿窬充類自好不爲一溺慾海波中便爾沒頂甘心其最易失足尤在艷冶當前勃肰難制之一刻由此減祿由此奪算由此殺身由此墮劫何

若以俄頃之歡娛，博死生之毒害，婬報既重，則導婬之業報自不輕。今人見婦女之美者，動輒以覬音呼之詞，伯優人亦復以此極其摹寫，謔笑風俗，誤人何可勝道。故綺語與婬二戒並重。

王龍舒云：經言果報多因口業，以口易發也。所謂惡口，乃惡怒之口，唯言語不溫和耳。今人直爲穢語矣。惡口果報固已可畏，若穢語則地獄畜生之報也。人當力戒，常念阿彌陀佛，以洗滌口業之穢惡。聞人惡口穢語，亦常念佛名，以洗滌耳根之穢惡。

王龍舒曰：人多嗔怒，且不論害物招愆，先自傷和損氣人若能到慈仁之境方知嗔怒不佳當其在嗔怒中則不自知也但忍之又忍習之久久自有得力處至凡待貧下及僕婢詆忤已者易致瞋怒尤當戒謹如一切衆生爲大罪惡亦勿生嗔以汚吾清淨之心念彼愚癡當生憐憫佛言人愚以吾爲不善吾以四等慈護濟之重以惡來吾重以善往福德之氣常在此也害氣重殃反在於彼有愚人罵佛佛嘿然不答罵止佛愍然問曰子以禮與人其人不受禮何歸乎曰我自持歸佛曰今子罵我我亦不受子自持歸禍子身矣猶響應聲影追形終無免離愼爲惡也善嗔

者胡不以佛爲法已上合纂

出家永絕淫慾居士當戒邪婬肰學道者正婬亦慎如妻妾外一切非巳之色皆謂之邪苟不在房屋而外舘別業爲非其地朔望本命之日春秋八關六齋之日有犯或不於夜而於晝爲非其時二者卽妻妾亦謂之邪修行人不可不戒　佛言一日持齋有五福少病身安少婬少睡生天知宿命楞嚴云是諸衆生求三摩提當斷五辛熟食發婬生啖增恚五辛謂葱蒜韮薤與渠。興渠西域有之。

口業中妄言易生而難除以世人習染成妄妄想紛飛故妄言易發凡欲欺人瞞人掩飾

自已不利於人者皆是稍從權變有所成就非爲利已損人者則不得謂之妄語若縱不損人槩無實語亦是妄心不可不戒　綺語者凡言之成文者易入聽如婬慾至垢而以花月妖冶之詞飾之人愛其綺便浸淫於婬慾之中而莫之覺推而廣之其類甚多惡口如詈罵人說人短好戲謔道穢語之類龍舒口業勸戒圖云今人有一言稱人其人終身受賜福及子孫者有一言陷人其人終身受害累及子孫者口業豈不重哉出乎爾者反乎爾在彼固可畏矣肰在已怨天者窮怨人者無智惟自戒愼可也　兩舌

者向此說彼向彼說此能使彼此嗩恨構成傾害其惡不小　貪婪如海衆流歸之而不滿故人生衆惡皆始於貪貪爲衆惡之本　爲瞋恚者欲惱害人而反自害所有身口加惡於人自反得惡過百千倍故知瞋爲大自滅損正當瞋欲起時急急念佛數十聲然後看此事該瞋不該瞋　般若之智全無照了懵懵然不知性命爲何物曰癡世智聰辨才情四射語以妙明真性因果報應不能信受亦曰癡（纂丁蓮侶芥火）

佛云身行惡口言惡意念惡此地獄人也蓋人生善惡不過身口意三業三業俱惡是爲純黑業所以入

地獄若三業俱善則爲純白業乃生天堂三業中有一業善則爲雜業亦不入地獄故身意雖惡而口念佛名亦一業善况口念佛時能心想佛像則意業善端正其身而手提數珠則身業善諸佛開此念誦法門正以誘掖衆生善其口業以漸善其身意常能善此三業以修淨土必上品生予嘗於鎮江聞賣蝦者呌蝦一聲而知其三業俱惡身荷蝦擔則身業惡意欲賣蝦則意業惡口叫賣蝦則口業惡此佛所謂地獄人也以此觀之目前地獄人多矣可不畏哉

佛以殺生偷盜邪婬爲身三惡而孔子言勝殘去殺

詩言文王德及鳥獸昆蟲，是豈不戒殺哉？盜固不必言矣。孔子言：「吾未見好德如好色者。」詩人刺不好德而悅美色，是豈不戒邪婬哉？佛以妄言、綺語、兩舌、惡口爲口四業。孔子謂：「人而無信，不知其可。」非不戒妄言也。謂：「巧言令色，鮮矣仁。」非不戒綺語也。書稱：「爾無面從，退有後言。」非不戒兩舌也。武王戒銘曰：「口生垢，口戕口。」是未嘗不戒惡口也。佛又以貪嗔癡爲意三業。孔子謂：「見得思義。」是則戒貪矣。謂：「伯夷叔齊不念舊惡。」是則戒嗔矣。謂：「困而不學，民斯爲下。」是則戒癡矣。由此言之，儒釋未嘗不同也。　龍舒文

發菩提心正因

蓮宗寶鑑云、無上佛果名曰菩提。若發此心。決定成佛。淨行法門曰、凡修淨土須善發心。若爲自己厭五濁。忻九品。則違菩提心。是聲聞行。若爲衆生起大悲心。求生彼國。希速成就道力神通。徧歷十方救度一切。令共成佛。則順菩提心。是菩薩行。於三寶前志心發願云。弟子某。從於今日發此大心。不爲自求人天福報緣覺聲聞乃至權乘諸位菩薩。唯依最上乘法發菩提心。願與現生父母及多生父母法界衆生一切冤親同生淨土。皆得不退轉於阿耨多羅三藐三

菩提如是三說此心時時要發最爲喫緊蓮池云觀經三福第三發菩提心此是般若經中如虛空不可思量之福非人天有漏之福也合纂

讀誦大乘正因

正因尚有深信因果勸信行者等項已見前此不再列

淨土指歸曰大乘經典諸佛所師佛果菩提皆從中出觀經三種淨業并上品上生皆言讀誦大乘爲往生正行即法華華嚴般若涅槃等專談淨土諸大乘經修淨業人當受持讀誦仗大乘法力決取往生發隱曰讀誦者外假熏聞內資理觀非文字口耳之謂也若徧耽卷帙終身空數他寶六祖曰口誦心行是

轉經口誦心不行自是被經轉讀誦者可不知此乎

淨土資糧

問古以觀心爲目經教爲日月光明目益遠矚又云枯禪無慧今一意念佛能發慧否答看教如讀醫書心地用功如服藥先明教自是正理學道人貴在審辨邪正大小偏圓而已無暇遍覽可只看楞嚴旣修淨土其淨土諸書俱要看過卻放下文字一心念佛所云慧者通曉經教善演說而空談諸口無得於心者狂慧也眞參實悟乃名正慧明教後一心念佛當發此慧　蓮池遺稿

淨心行善正因

維摩經佛言衆生是菩薩淨土又言當知直心深心大乘心是菩薩淨土肇法師云土之淨者必由衆生衆生之淨必因衆行行淨則衆生淨衆生淨則佛土淨此必然之理土無洿曲乃出於直心故曰直心是菩薩淨土直心謂質直無諂此心乃萬行之本樹心種德深固難拔深心也乘八萬行兼載天下不遺一八大乘心也欲弘大道先要直心心既真直然後入行能深行既深則廣運無涯備此三心次修六度以至萬行六度即布施持戒忍辱精進禪定智慧六波羅蜜萬行即六度內所修所積而統括言之

肰此淨心羣生誰不有之奓自迷而不覺故六祖大師云一念平直卽是彌陀一念邪險卽是衆生葢以人居濁世現行無明口說直心行多諂曲溺苦海而不能出佛慈愍彼導之以念佛伏彼亂心令捨邪險而歸正直卽衆生而生淨土所以寳王論云淸珠下於濁水水不得不淸佛想投於亂心心不得不佛肰則因念佛而顯直心因直心而行衆善行衆善而得佛淨土故云欲得淨土必淨其心

念佛人塵垢未淨念起時須自檢點或有慳貪心嗔恨心癡愛心名心利心嫉妬心欺誑心爾我心傲慢

心諂曲心邪見心妄想心能所心及諸逆順境界隨染所生一切世間心設或起時急須高聲念佛斂念歸正勿令惡心相續直下打併淨盡所有深信心至誠心發願回向心慈悲心謙下心平等心方便心及一切善常當守護當知極樂諸上善人良由斷惡行善故得往生不退菩提能依此修持是爲淨土正行

已上蓮宗寶鑑

奉行衆善正因　已上二則以觀經三福九品例推之故得斷爲正因

烏窠大師云諸惡莫作衆善奉行三歲兒說得了八十老人行不了修淨業念佛者不可不恪佩斯語除

孝養慈心諸事外如盡忠事君崇奉師長兄弟友愛閨門雍肅敦睦宗親敬禮前輩爲人倫大節不容缺失其於尊崇三寶則修寺掃塔供佛飯僧講演正法刋造經典一切佛門勝事不必僕僕塵緣但隨分隨力毋得當面錯過他若居官則仁慈利民用兵則嚴禁殺掠爲長則以善敎人爲下則以勤事上以至贍養衰老撫育孤幼凶年濟飢寒天救凍周贍三黨憐憫四窮施藥助棺修理橋路勸息爭訟饒免債負敬惜字紙廣行方便戒殺放生葬埋牛犬如此類者不能盡述凡屬善事必力行之一切惡事禁止不爲卽

人有侵陵毀辱詬難容忍者。一惟反已自忖，我乃修淨業人，何得屑屑與若輩較量，目前當下，和平自爾，心體清淨矣。以此所作一切善事功德，回向願生西方，念念不斷，必上品生。

蓮池師恒以太上感應篇手授學人，嘗答周海門曰：諸惡莫作，眾善奉行二語，徹上徹下，淺言之，僅僅避惡行善，三家村裏守分良民；極言之，則纖惡淨盡，萬善周圓，天中天，聖中聖，如來世尊亦如是。丁蓮侶亦謂感應篇言皆平實，其迹若淺膚，事事徵心，須逐句省察，方得。前賢贊傳表章非一，予近年再纂輯有疏案一書人能持誦體而行之以此迴向往生豈止中品又蓮池自知錄序曰予少見太微仙君功過格而大悅旋梓以施仙君謂凡人宜置籍卧榻每嚮晦入息書其一日功過積日而月而年或以功准過或以過准功多寡相讎自知罪福不必問乎休咎嘗作勸修作福念佛圖說歸戒圖說勸人受持但每日作一福福下一點念佛千聲塡一圈隨多少持向佛前証明出家在家皆可依而行之合纂

布施正因布施居六度之首以屬正因無疑

佛言欲得穀食當勤耕種欲得智慧當勤學問欲得

長壽當勤戒殺欲得富貴當勤布施布施有四一曰財施二曰法施三曰無畏施四曰心施財施者以財惠人法施者以善道教人無畏施者謂人及衆生當恐懼時吾安慰之或教以脫離恐懼使無畏心施者力雖不能濟物常存濟物之心古語云人人知道有來年家家盡種來年穀人人知道有來生何不修取來生福人不能朝種穀而暮食尤不能旋修福而即受所以穀必半歲福必隔世也儒道二教皆言施報但不言隔世耳所謂愛人者人常愛之敬人者人常敬之災人者人必反災之皆現世之施報也佛又言

若人施已生悔若劫他物持以布施是人未來雖得財物常耗不集若人先不能供養父母惱其妻子奴婢困苦而布施者是名惡人是假名施是人未來雖得財寶常失不集不能出用身多病苦諸經要集云若有貧窮人無財可布施見他布施時而生隨喜心隨喜之福報與施等無異丁蓮侶芥火云布施一法悲敬差殊悲是賑貧濟苦敬是供奉三寶有敬無悲是名顛倒心無慳吝悲敬是一　合纂

方便利人助修

大觀間一士人買鞋於京師市中見一靴甚大似其

父送葬者問所由來答云一官員携來修整頃當來取往候之果見其父下馬取靴子拜不顧而去追數里許將不及乃呼曰生爲父子何無一言教我其父曰學葛繁問葛何人曰世間人遂訪問所在葛時爲鎮江太守乃往見之言其故問何以見重幽冥如此葛曰予始日行一利人事漸增二事三事或至十事於今四十年如一日問何以利人葛指坐間脚踏子云若此物置之不正則蹙人足予爲正之又若人渴飲以杯水皆利人事也隨事方便行之上自卿相下至乞丐皆可以行唯在乎久而不廢耳其子拜而退

葛後以高壽坐化去。觀此則、利人之事、當勉、害人之事、豈可為哉。葛兼修淨業、後有僧神遊淨土、見葛在焉。

廉儉助修

嘗聞至人云、人生衣食財祿、陰司皆有定數。若儉約不貪、則可延壽。奢侈過求、受盡則終。譬如人有錢一千、日用一百、則可十日。日用五十、可二十日。若縱恣貪侈、立見敗亡。如一千之數、一日用盡、尚有餘否。或謂人有廉儉而命促、貪侈而壽長者何也。予謂廉儉而命促者、當生之數少也。若更貪侈、則愈促矣。貪侈而壽長者當生之數多也若更廉儉則愈長矣且天地於人無私何當生之數有多少乎曰今生受者皆前世因耳修淨土者固不在福壽之多然損福壽之事則是薄德不可不戒增福壽之事則是厚德不可不勉

已上纂龍舒文

張子韶自做秀才時至及第登樞要而麁衣菲食無玩好器物其筆亦用殘禿者胡克仁居官茹蔬終身眠一紙帳彼乃現宰官身行比丘行況身是比丘乎佛制頭陀比丘行乞爲食糞掃爲衣塚間樹下爲宿今處衆中檀越送供衣食足矣安居蘭若矣更求適

意可乎一鉢四綴一緉鞋三十年古德之高風未墜也吾爲是慚愧自責而併以告夫同侶　蓮池三筆

不妄取財助修

有仕途二人求夢於京師二相廟中其一人夢有吏持簿一扇揭版示云此汝同來人前程也視之乃自小官排至宰相仍有勾之者問勾者何也持簿者答云此官人愛財世間不義取一項此間勾一項若急改過尚可作監司其人聞之悔罪不敢妄取後果至監司觀此則不義之財誠可畏也知是以修淨土善緣自熟　龍舒文

嘉興王綱涇古刹將頹。僧欲修之。又有鉅橋通濟往來。居人因圯壞。施千金。僧亦誠實人也。以橋工浩大。移用修寺。未幾僧卒。見夢於徒曰。我以錯謬因果受冥罰。作某家猪。明日當生。後蹄白毫爲驗。爾當贖我懺悔。募畢橋工。徒往詢。果然。遍以告人。募橋尋落成。猪遂死。夫檀信財施。招提互用。遍地皆然。孰知錯謬罪報如此。況剋減常住。藏匿信施者乎。古偈云。施主一粒米。大如須彌山。若還不了道。披毛戴角還。又云。他日閻老子與你打算飯錢。看你將何抵對。出家者胡不猛省斯語。合纂

省口腹淫慾助修

飲食男女人之大欲存焉制之若無斯為聖人節而不縱為賢人縱而不節為下愚蓋殺生以資口腹婬慾以喪天真皆造業之所況二者更相助發因美飲食則血氣盛血氣盛則婬慾多婬慾多則反損血氣血氣損則又賴飲食以滋補是二者更相造罪也若欲省口腹必先節婬慾若能節婬慾即可省口腹此誠安身延年之道慈覺禪師云飲食於人日月長精麄隨分塞飢瘡纔過三寸成何物不用將心細較量能如是思省自可省口腹矣務實野夫云皮包骨肉

并藏糞強作嬌嬈誑惑人。千古英雄皆坐此。百年同作一坑塵。能如是思省。自可省婬慾矣。果了得此二者。在生何由有疾病夭折。身後何由有地獄畜生。修上品者。不可不戒此。

兼福慧助修

人不可不兼修福慧。種種利物。常行方便。作一切善。戒一切惡。所謂修福也。知因果。識罪福。觀釋氏書。內明性理。觀儒家書。外明世道。所謂修慧也。修福得富貴。修慧得明了。修慧不修福。明了而窮困。修福不修慧。富貴而愚癡。福慧若兼修。富貴而明了。二者皆不修愚癡而窮困佛福慧兼修故謂之兩足尊以福慧兩足也寧使慧勝福莫令福勝慧楞伽經云受現在樂種未來苦是也偈云兼修福與慧又復念阿彌九品蓮華裡第一更何疑齋戒明了人修者必上品上生故也又偈云雖修福與慧不知念阿彌未得阿羅漢輪迴無了時在此世界修行得阿羅漢果方脫輪迴故也已上纂龍舒文

不慕尊榮不辭輕蔑助修

學道之士大忿大辱或能勉強忍耐不免艷心於世之尊榮不能忘情於人之輕我此實非也尊榮損福

召災輕蔑除愆消業如悟達國師先世即漢袁盎以十世爲高僧戒律精嚴其寃家晁錯欲報不得懿宗聞師道德昭著賜沉香寶座錯乃得便而人面瘡作非損福召災而何金剛經云是人先世罪業應墮惡道以今世人輕賤故先世罪業即爲消滅夫以此經神力猶假人之輕賤而後消滅是輕賤者乃轉重罪輕受之妙術同當甘之如飴而何以怒爲肰則尊榮輕賤孰幸孰不幸耶昔譚紫霄被丐者毆折兩齒謝教益王益陽以爲消盡平生業慶禪師人謗其私尼童或問之師笑曰實如所傳師沒後有五色舍利嗟乎茫茫五濁彼何

人哉丁蓮侶出世芥火

禮懺助修

蓮池大師云一心清淨是爲理觀內明五體翹勤乃曰事懺外助直觀本心非不徑要而末法衆生慧薄垢重必須理觀事懺內外交致庶得定就慧成死生速脫但令人惟存事懺理觀全荒何況外飾虛文中無實悔者耶觀蓮公此言必理事雙修方名爲懺且毋論理觀即以事論今官府斷獄按律定罪閻羅判事據惡加刑惟佛菩薩大慈悲許其懺悔赦罪此非常之恩德也乃修懺之人往往虛文搪塞心則戲豫

禮則怠荒徒以拜誦套例仰勞僧衆或居內室而迨雜務或見外客而應紛囂或公然茹葷飲酒或依前作過造非視若全非己事而猶曰吾今日延僧懺罪也不思求懺必以吾心哀悔怨艾之誠爲主外藉比丘以爲導達若主者不誠比丘其能代爲懺耶恐幽明之際無此破格大僥倖事矣　纂丁蓮侶

施食助修

蓮宗寶鑑云既修西方淨業當運廣大慈悲釋尊教誡隨所住處當施法食濟諸法界一切有情除彼飢渴極苦化令同趣菩提有力者修齋設供無力者咒

食施生施食殊功廣大無量蓮池云瑜伽之教神變
威靈不可思議唐金剛智廣大不空二師而下無能
繼者惟施食一法行世此法啓教於阿難初唯佛示
陀羅尼一章令誦二十一遍卽今變食眞言也嗣是
漸譯漸廣夫口誦咒手結印心作觀三業相應之謂
瑜伽不相應則不惟不能利生反至害已一僧不誠
被鬼舁至河欲沉之一僧失鎖衣箧心存匙鑰諸鬼
見飯上皆鐵片不得食一僧曬氈衣未收值雨心念
此衣鬼見飯上皆獸毛不得食各受顯報又有人入
冥見僧數百械黑房中罪苦不堪皆施食法師也吾

願行是法者手之所結必端必嚴毋掐弄揚舞而類戲掉口之所誦必真必正毋扭捏彈咤而淆密語意之所作必精必專毋散思亂想而虧正觀心運諸手手叶諸口口根諸心津濟萬靈如是功德當亦不可思議合纂

放生助修

問放鳥雀魚鼈等爲之誦呪念佛願彼往生此物當承力即生否蓮池師曰呪願禽畜者若業輕緣熟承法力亦得往生業重緣疎止滅罪改形善趣朕禽畜未必生而放生呪願之人福不唐捐矣來生度化終

酬宿因目連度蜂足爲明鏡

佛言水中有微細蟲類凡眼不能見者故律中敎人以囊濾水方飲若人能虔書護生陀羅尼沉河井及盛水器中并爲誦咒念佛七遍其蟲皆生善趣　陀羅尼云唵縛悉波羅摩尼莎訶　㞢氏凰佤工爪氶氶丮（卽上文九字梵書難容筆誤摹此書木上桐油油過沉水中）

南無歡喜莊嚴諸王佛　南無寶髻如來

夏月燈上飛蛾法應用草一根長七寸許雙手拱執肅儀淨口對草念咒七遍橫置燈盤上即無撲滅之苦如無生草以柴心代之　咒曰波利瑟吒護生草

救度衆生離煩惱 此咒試有奇驗。幸虔誦之。

出門時恐街路蟲蟻無心誤傷須先端肅默念行步不傷蟲咒三七遍隨所去處不致傷命以佛眼觀當知我人舉足是業勿以此咒爲迂 咒曰唵地利日利娑婆訶

路遇捉鳥捕魚者一心專注其人不起別念默念佛號十聲或百聲愈多愈驗。陳書紀王固學佛嘗聘魏宴於昆明池魏人以南人嗜魚大設罟網固念佛號不獲一鱗 念曰南無多寶如來 宜虔。宜多。宜默

以上諸事切近易行咒皆有驗凡有所作俱以廻向

往生九蓮必居高品　丁蓮侶故鄉消息

居官助修

沈長卿有居官功行言余廣其意云貧賤人爲善難爲惡亦難何者勢不能濟也富貴人爲善易爲惡亦易何者勢足以濟也假令堯舜桀紂俱匹夫縱極仁極暴必難遍被鄉閭況國與天下乎近世宰官慕清泰之樂輒謂不能掛冠棄家而修淨業余竊謂不肰吾儕不幸爲窮措大力不從心誠無如斯世斯民之缺陷何今得志臨民事權在握如神龍乘風雲降霖雨枯槁咸沾澤焉視桔橰之取潤涓滴者勞逸巨細

懸絕矣何必分別儒釋之見視仕途與淨土功行不可合作也吾謂鞭笞即是痛棒呵怒即是熱喝見冤抑而憫之即是慈悲道場之死而致生之即是方便道場爲民受屈曲直不阿柔氣以承上官即是忍辱道場興利除害日夕不遑不啻父母爲子孫計即是精進道場勵志不渝暮夜之金屏絕即是清淨道場品行屹然強猾望而斂跡即是降魔道場斯誠能以居官而作功行者經濟淨業一以貫之矣 陳皇士

淨土晨鐘

荆溪周克復重訂纂　男周　石穀城訂

吳郡陳濟生皇士參

淨土策進

往生以往爲義，往以進爲功。進則西方彈指可到，退則隔十萬億剎之外。譬之駕馬，欲騏驥不鞭箠而日致千里，良馬顧鞭影而馳，其次則須執策擬其後矣。求生彼土者無悠忽坐進之理，亦復如是。善乎蓮大師曰：「世間一技一藝，始學不勝其難，因置不學，則終無成矣、故貴有決定不疑之心、雖復決定而優游遲緩、則亦不成、故其繼貴有精進勇猛之心、雖復精進、或得少而足、或時久而疲、或遇順境而迷、或逢逆境而墮、則亦不成、故其終貴有常永貞固、誓不退轉之心、古云三昧不成、假令筋斷骨枯、終不休歇、又云道不過雪竇、不復登此山、如是有心、何事不辦、茲取前賢警切之語、著爲是編、多本蓮池者、樂其文義簡至、且言近而可徵也、以誓願策其始、以一心正念策其終、義備矣、志淨業者、其以是當

續刱之策祖生之鞭述策進第六

策願力

問爲惡必墮三途非資願力則淨業正因何以願爲答曰從善如登爲惡如崩安可例故欲生淨土樂見阿彌陀佛必須發願乃得往生若無願心善根沉沒華嚴經云不發大願是爲魔事欲成無上道故須得願波羅蜜所以本師莊嚴樂邦實惟四十八願普賢亦以十大願王爲極樂先導曰最後刹那一切諸根悉皆退失惟此願王不相捨離於一切時引導其前一刹那間卽得往生極樂世界唐道昂法師志篤西

方一日見天衆繽紛。告徒云。兜率迎我。非本願也。吾志西方。何不果。言訖。天樂儵隱。隨見西方法音滿前。師乃坐化。夫時逼須臾。猶能却天宮而轉淨土。終遂所期。願力之神。不可思議如此。

竊見常人念佛者。多只為福田故。眷屬故。病苦求痊及永年故。保富貴安樂子孫光顯故。往往香燭道場。所陳祝願回向之詞。皆是趨逐凡緣。與阿彌接引本願甚背。縱使一生修習。不明大道。錯用功夫何益。惟是發真正願。願見阿彌陀佛。願生清淨國土。願得親承授記。回入娑婆。廣度衆生。毫不自求人天福報。如

是發願時刻注向雖不對佛陳白而心意之中欣樂不忘方稱願力成就方與佛願相應臨命終時必蒙接引 已上纂故鄉消息

問誓願並稱其義何居曰蓮大師云期其志而必到者願爲之先導也堅其願而不退者誓爲之後驅也故疏稱誓爲願中勇烈意吾願雖發若無大誓安克有終蓮宗寶鑑引懺云衆生無邊誓願度煩惱無盡誓願斷法門無量誓願學佛道無上誓願成此謂之四弘願慈照集懺恐人着事迷理乃云自性衆生誓願度自性煩惱誓願斷自性法門誓願學自性佛道

誓願成此四句直明真理與後人開一門戶只要人自信自肯從這裏入頭悟自性彌陀達惟心淨土入諸佛境界。合纂

策勇猛精進

凡修淨土人灼然是要敵他生死不是說了便休當念無常迅速時不待人須是把做一件事始得若半進半退似信似疑濟得甚事如何出離輪迴譬如百二十斤擔子到臨時自家擔荷得去方為了事決不在會說會道廣化人緣上決不在有傳有授扭捏做作上決不在盛設道場多多點香燭上若是信得及便

從今日去發大勇猛、發大精進、莫問會與不會、見性不見性、但執持一句南無阿彌陀佛、如靠着一座須彌山相似、搖撼不動、專心一意、或叅念、觀念、憶念、十念、或默念、專念、繫念、禮念、念念茲在茲、心念不空過、念佛不離心、日日時時不要放捨、綿綿密密、如雞抱卵、常教暖氣相接、即是淨念相繼、更加智照、則知淨土即是自心、此乃上智人修進工夫、如此把得定、做得主、靠得穩、縱遇苦樂逆順境界現前、只是念佛、無一念變異心、無一念退惰心、無一念雜想心、直至盡生永無別念、決定要生西方極樂世界、能如是用功、則歷劫無明生死業障自肰消殞塵勞習漏自肰淨盡無餘親見彌陀不離本念功成行滿願力相資臨命終時定生上品其或力量未充須隨力修習未能專一亦要朝昏禮念家緣繁冗無忘十念稱名日日用心猛着精彩積功積行發願發心誓畢此生同登淨域此乃眞實了生死人也　蓮宗寶鑑

世網中人若是痛念無常用心眞切者不問靜閙閒忙一任公私幹辦迎賓待客萬緣交擾八面應酬與他念佛兩不相妨不見古人道朝也阿彌陀暮也阿彌陀假饒忙似箭不離阿彌陀其有世緣重力量輕

者亦須忙裏偷閒。鬧中取靜。每日或念百聲千聲。定爲日課不容一日放過。又有冗忙無頃刻暇者。每日晨朝十念積久功成。亦不虛棄。念佛外或念經禮佛懺悔發願。種種作福隨力修諸善行以助之。凡一毫之善皆須回向西方。如此用力。決定往生。亦且增高品位。 淨土或問

世人修行淨業。勿得言我今忙迫。且待閒暇。我今貧乏。且待富足。我今少壯。且待暮年。若已分定常忙。分定貧乏。分定夭折。卽於淨業無緣耶。忽爾喪亡。雖悔何及。是故卽今安健。努力修之。 寂室

一生之中以淳淨心堅固諦信至誠禮誦悔過發願吾知此人若身若心則與彌陀氣類交接智論云如風吹樹斜勢西傾及其倒時必當西倒習善得生亦復如是 樝菴法師有嚴

世人念佛不眞切只是把生死二字看得輕忽一生忙忙碌碌將性命攛在虛空與已全無干涉即或當場嗟歎片時毛骨悚然過後仍前醉夢屠赤水云世智紛紛名利場中伶俐識神擾擾死生路上糊塗哀哉誰曉四大不堅無常甚速三塗八難最苦肯去要緊眞切念佛百中希有一二也昔一僧探俗友勸以

生死事大急宜念佛友謝以三頭未了僧問故友曰親柩未舉男婚女嫁未畢僧別不久友忽亡僧往弔作詩曰吾友名爲張祖留勸伊念佛說三頭可怪閻公無分曉三頭未了便來勾此言雖淺大可醒俗吾願世人各宜奮發精力一下斬斷輪迴信得這句佛卽勇往直前念去只此一念是破黑暗之明燈是渡苦海之大船是脫生死之良方是出三界之徑路併其或驗或不驗或悟或不悟一切都不計較但持一句佛號在心無事也念有事也念安樂也念病苦也念生也念死也念如此認眞事無不濟

蘇州承天寺頭陀懷林為冥使所追期七日當往急詣眞如禪師求救師令發願修塔晝夜勤念金剛經中當知此處卽為是塔二句至七日冥使入室拘之金塔光耀目不能開而去頭陀得不死摠鍊苦募終此勝事克復輯金剛持驗至此疎肰呂懷林發功德大願諷上乘妙法七日便能跳出生死異矣今觀淨土法門一日七日至一念十念決定往生不更異乎乃今人一生念佛不免輪迴又何以故要知如來教人念佛正攝百千萬雜念於一念一念猛勵自肰證佛還思今人念佛時一串數珠中意起意滅不知多

少更端則其念佛亦只口中喃喃心上並不知有佛在此彼手之於口口之於心尚未合一安望凡人與佛能合而爲一耶念佛不能絕去雜心純一精進至無間地欲逃生死往生上品斷無此理已上附纂

策攝心悟心

凡歷涉緣務而內心不忘於佛及憶淨土譬如世人切事繫心雖經歷語言去來坐臥種種作務而不妨密憶前事宛肰念佛之心亦應如是或者失念數數攝還久久成性任運常憶　慈雲懺主

古云雜念是病念佛是藥念佛正治雜念而不能治

者因念不親切也雜念起時卽用心加功念佛字字句句精一不二雜念自息矣

端坐念佛恐心難攝不若經行

問猿方着鎖旋卽昏沉惺惺策發隨復散亂云何降伏答寂寂治散亂散去則生昏沉惺惺治昏沉昏去則生散亂止觀雙持昏散皆退今只須精明念佛念無二念曰精念而返照曰明精卽止明卽觀一念佛而止觀備矣

叅禪人只守一則公案如叅念佛是誰不得又叅萬法歸一一歸何處等若透一則餘盡透矣若自覺已

透於別則公案還有不盡透處卽是向所守公案還非眞透、未免涉情識也

行住坐臥四威儀中皆可用心而坐時爲勝然始學者先須行多坐少若貪坐則昏不能進無事有事皆可用心而無事爲勝、先於靜處做、後於動處鍊

凡夫放心初學攝心後乃得心攝心非止一法功高易進念佛爲先想起時不須別作除滅但舉阿彌陀佛四字盡力挨撥便是攝心工夫忽然悟去名曰得心今見六祖道本來無一物何處惹塵埃便將神秀時時勤拂拭之句藐視如一莖草不知時時拂拭、正

學者今日事也 已上蓮池遺稿

第三種念佛成佛

或問今見世人念佛者多生西方成佛者少何也答其說有三一者口雖念佛心中不善以此不得往生不知既是念佛便要依佛所說積德修福孝順父母忠事君王兄弟相愛夫婦相敬至誠信實柔和忍耐公平正直陰隲方便慈憫一切不殺生命不凌辱下人不欺壓小民但有不好心起着力念佛定要念退這不好心如此纔是念佛的人定得成佛二者口雖念佛心中胡思亂想以此不得往生念佛之時按定

心猿意馬、字字分明、心心照管、如親在西方、面對彌陀不敢散亂如此纔是念佛的人定得成佛三者曰雖念佛心中只願求生富貴或說我等凡夫料西方無分只圖來世不失人身此則不合佛心以此不得往生、不知天宮福盡也要墮落人間富貴能有幾時若說是凡夫西方無分則聖賢都是凡夫做安知你不生西方也便可發廣大心立堅固志誓願往生見佛聞法得無上果廣度衆生如此纔是念佛的人定得成佛　蓮池

策出家人一心正念

先民有言禹惜寸陰至於衆人當惜分陰我今衰殘奚啻惜分一彈指頃毋雜用心　毋雜用心者謂本參正念外纔起一念雜想即便掃除攝歸正念不可時刻延捱今畧開七事眞爲生死出家直欲一生了辦務力守之時時自警

一不得畜貲財造房屋買田地置一切精緻好物即經像等傳自太古出自名家皆勿留戀一心正念

二不得作種種非緊要福緣事姑俟他日大事已明作之未晩今且權置萬行門一心正念

三不得於好色好味等起貪愛心於好言讚譽我者起貪愛心

不得於惡色惡味等起嗔惱心於惡言譏毀我者罵辱我者種種拂逆我者起嗔惱心乃至過去未來事、或順或違皆悉屏絕堅壁固守一心正念　四不得吟作詩文書寫眞草題帖對聯修飾尺牘泛覽外書議論他人得失長短乃至教憑臆見而高心著述、禪未悟徹而妄意拈評緘口結舌、一心正念　五不得交結親朋應赴請召遊山翫景雜話閒談凡種種世諦中事除理所當爲決不可已者餘悉休罷一心正念　六不得貪著放逸恣縱睡眠大事未明、捍勞忍苦一心正念　七不得與世人競才競能爭名爭勢

未得言得，未證言證，誑稱知識，妄自尊高；惟應執卑守愚，終身居學地，而自鍛鍊，常精常進，一心正念。蓮池

自警

此蓮師現身說法語也。借自警以警人。句句嘔心。言言針頂。謂是彼說自家話。與我輩無與。可乎。覽此而不悚然易慮者。必非真學道人。

我出家後，到處參訪。時徧融師門庭大振，予至京師叩之，膝行再請，師曰：「可守本分，不得去貪名逐利；亦不得去攀緣。只要因果分明，一心念佛。」予受教出，同行者大笑，謂：「此數言誰說不出？千里遠來，只道有甚高妙處。」予曰：「不然，此正是他好處。吾輩企慕遠來，他却不說玄說妙，凌駕衆人，只將自家體認過切近精

實工夫。叮嚀開示。正是真實禪和。不可輕也。我至今着實遵守。

今人念佛不肯真切加功。只是不曾深思諦信。不要說不信淨土。只如世尊說人命在呼吸間這一句。於義理非有難解。你們眼裏親見。耳裏親聞。經過許多榜樣。如今要你信得這句。早是不能勾也。你若真實信得這句。則念佛法門不必要我費力千叮萬囑。爾自如水赴壑。萬牛不能挽矣。即如前日津送亡僧時。你們覩此榜樣。當愀然不樂。痛相警策曰。大衆。我與你。但今日送某僧。明日送某僧。不知不覺。輪到自身。

此時悔恨無及須疾忙念佛時刻不要放過方好我見你們口裏也說可惜及乎過後依然言笑自如只是不信人命在呼吸間也

予見新學少年纔把一句佛頓在心頭閉思妄想越覺騰沸便謂念佛工夫不能攝心不知汝無量劫來生死根由何能卽斷且萬念紛飛之際正是做工夫時節旋收旋散旋散旋收久後純熟自然妄念不起且汝之能覺妄念重者虧這句佛如不念佛時瀾翻潮湧剎那不停者自己豈能覺乎

念佛有默持有高聲持有金剛持高聲覺太費力默

念又易昏沉只是綿綿密密聲在唇齒之間乃謂金剛持又不可執定或覺費力不妨默持或覺昏沉不妨高聲今念佛者只是手打魚子隨口叫喊所以不得利益須句句出口入耳聲聲喚醒自心如一人濃睡一人喚云某人彼卽醒矣所以念佛最能攝心

幼時尚不知念佛見鄰家一老嫗每日課佛數千問爲何如此彼云先夫往時念佛去得甚好故我如此念先夫去時並無他病只與人一揖而別出家人奈何不念佛　蓮池警衆

策在家人一心正念

來書云世累所羈不能一洗然世未足稱累也世間法如人倫庶物一一與道非礙所貴任理隨緣無心順應而已登第日發大誓願必不以富貴利達負其所學期如古昔名臣是謂濟世必不以富貴利達迷失正念務了明此一段大事因緣是謂出世子貢問一言終身夫子以恕答之今日戒之一字銘以終身罄無不盡以攝心即是戒故若向心地法門中念得便一切具足尚何論戒之持與不持如其不然須一一依教奉行經云攝心為戒因戒生定因定發慧戒之時義大矣哉佛戒至密首殺戒戒微及蜎蠕極

之纔有忿嫉。即殺戒不淨。眼取色耳取聲。即盜戒不淨。隔壁聞釵釧聲。即婬戒不淨。至是則身心俱斷。事理雙盡矣。處世緣中持戒。豈能一一與剃染者例論。惟貴於心學大頭腦處著力。一旦脫然悟去。則咳唾掉臂。無不是清淨毘尼矣。但不可求得謂得。而發狂解。便道飲酒食肉。不礙菩提。行盜行婬。無妨般若。墮落魔羅境界耳。果能時時反照。刻刻提撕。向本參念佛話頭上做工夫。則不惟日後有發明。在即目前便自得力。日用有主宰。不隨物轉。縱居聲色名利之場。妻子眷屬。日夕相接。不妨與世推移。混俗和光。自然

出汚泥而不染是謂塵中大解脫門也所稱宜世不染世益人復益已者豈外是哉

人之處世遇順境者其情愉以安遇逆境者其情憂以危然而順未足為幸逆未足為不幸也溺於意之所便則出世之心不生戚戚乎不得志然後厭身世之桎梏而求出世是故萬苦交於前但以正智觀察苦從何生從身生身從何生從業生業從何生從惑生因惑造業因業成身因身受苦但能破惑一切空寂問所以破惑之方只須就本參話頭上理會念佛的是誰捉破此疑諸惑皆破思之切忽

攝心用觀坐立想像等俱隨人無定但常觀無間非塵緣未了者所能爲雖不能常觀亦是工夫毋用爲慮又塵緣中觀法難成不如直以學業家業得暇之時即便默持名號只貴字字分明句句親切心則自攝若久之不退三昧成就即此是觀

法門無量要在明心明心要門無如念佛讀作之暇或心煩時靜坐念佛甚有利益一念在佛雜念退休心空境寂妙當何如願無易而忽之 已上遺稿

策老者病者一心正念

佛言人命無常促於呼吸少年亦爾何況老乎我今

殷勤來相警策。當觀此身。目瞶耳聾。髮白面皺。背傴腰曲。骨痛筋攣。步履龍鍾。精神昏塞。譬如夕陽西照光景須臾。衰草迎秋。凋零頃刻。此身不久。前路茫茫未知所往。誠如已事已辦。非愚所量。其或不然。何不猛省無常。戰兢惕勵。諦思淨土。決志往生。放下萬緣。一心念佛。

老堂警策

佛言。人命無常。促於呼吸。平人亦爾。何況病乎。我今殷勤來相警策。當觀此身。四大不調。百骸欲散。飲食漸減。醫藥無靈。便利牀敷。呻吟枕席。譬諸魚遊釜內倏忽焦糜。燈在風前。剎那熄滅。此身不久。前路茫茫。

未知所往。誠如已事已辦。非愚所量。其或不然。何不猛省無常。戰兢惕厲。諦思淨土。決志往生。放下萬緣。一心念佛。病堂警策

七十古希。百年能幾。今此暮景。正宜放開懷抱。看破世間。宛如一場戲劇。何有真實。但以一聲阿彌陀佛。消遣光陰。但以西方極樂。爲我家舍。我今念佛。日後當生西方。何幸如之。發大歡喜。莫生煩惱。倘遇不如意事。即便撥轉心頭。這一聲佛。急急提念。卻回光返照。我是阿彌陀佛世界中人。奈何與世人一般見識。回嗔作喜。一心念佛。此是智慧中人。大安樂。大解脫。

法門也

病從身生身從業生業從心生心空則業空業空則身空身且空病安從生願空其心卽大忤意事亦付之如夢如幻如泡如影怡然坦然不以介意但回光內照一心正念一心正念者但置一聲佛於淸淨心中也若是不惟却病而道從此入矣

無業而病病屬先業現生償此併多生之業償之矣所謂重報輕受者也世事以疾而廢因廢世事得修道業又所謂因禍而得福者也應生歡喜而勿煩惱惟將身外事并此身四肢百骸盡情放下使空無一

物若不可歇者權且歇下待後處之妄想熾不能制當念佛數聲歷伏之世間榮華富貴不過片時間事厄難苦惱亦不過片時間事倏忽便無、且萬般皆屬前緣、非人力所能奈何也盡情放下一心念佛（蓮池遺稿）

無常迅速老少無別年少猶處未定之天妄冀長壽若老年人定然光景無多矣須把身世事處分了當任他大限朝到暮到、撒手便行、無所繫累、此晚景大要緊處修淨土人尤不可忽每見人到屬纊時都有幾件做不完的勾當能於每日到上牀時都有丟得下的意思方好、但已事不辦、說丟得下也難世人以病為苦，而先德云：病者，眾生之良藥。何也？蓋有形之身，不能無病，值無病時，嬉怡放逸，誰為覺悟者？惟病苦逼身，上乘人從此悟四大非實，人命無常，倍堅道念；其次亦萬念灰冷，良心孤露，從前所作善惡，歷歷現前，不容欺昧，急切回頭，則病誠悔悟之一機，而修進之一助也。然無根器人，病至而怨尤，病甚而惶懼，及病去而復縱恣妄行，以自愉快，邪迷不返，雖盧扁其如之何？故因病受益者，非有根器人不能。合纂

淨土飭終

起信而下淨土資糧具矣循是而往順水揚帆樂邦如在目前何疑於終而更煩飭不知欲辦大事喫緊尤在臨時一着從前悠忽到此延挨不得從前迷着到此糊塗不得從前浮華到此假借不得從前岐路到此徘徊不得只方寸間靈明用事醒則立現蓮臺昧則六道三塗有分淨穢頃刻異路危哉危哉究竟把握要訣不外一心正念四字此際如挽弓到將滿時分外難開須加意審固前手撇

後手絕箭方中的又如泛海憑指南車不誤方所將抵彼岸急宜仔細收帆把舵霎時差失依舊被狂飈吹去飄蕩大洋中將何底止宋儒謂平日工夫正於此處用得着即是此意雖然適百里者宿舂糧千里者三月聚糧況十萬億刹之極樂國乎不豫辦於平生而欲襲取於俄頃未審倉皇呼吸時能具諸勸觀魚安石圍碁手段了大敵否語云定計於蚤恐阿彌陀經非世人急就章也如泥惡人十念往生之語不妨放寬眼下恐經文理固

可信亦是如來萬不得已垂手之苦言非便以西方作此輩護身符也且人情莫不好勝而惡劣獨於此事甘以下下自許亦殊可憫或問一段叫醒頑愚痛快無兩故以殿飭終之後而預飭未終者述飭終第七

飭臨終往生正念

郊歸子問曰世事之大莫越生死一息不來便屬後世一念差錯便墮輪迴蒙開誨念佛往生之法其理甚明又恐病來死至時心識散亂或他人惑動正念忘失淨因望重示歸徑之方師曰善哉問也凡人命

終欲生淨土須先準備、不得怕死常念此身多苦惡業交纏若得捨此穢身超生淨土見佛聞法受無量快樂得大解脫乃是稱意之事如脫弊衣得換珍服但當放下身心莫生戀著遇有病時便念無常一心待死叮囑家人及往來問候人凡來我前為我念佛不得說眼前閒雜話家中長短事亦不須輭語安慰祝願安樂此皆虛華無益若病重將終親屬不得垂淚哭泣發嗟歎懊惱之聲惑亂心神失其正念但一時同聲念佛待氣盡方可發哀纔有絲毫戀世間心便成罣礙不得解脫若得明曉淨土之人頻來策勵、

極爲大幸依此者決定超生無疑也問求醫服藥還
可用否答曰醫藥初不相妨服藥能醫病不能醫命
命若盡時藥奈之何若殺物命爲藥以求身安此則
不可又問求神祈福如何答曰人命長短生時已定
何假鬼神延之耶若迷惑信邪殺害衆生祭祀邀福
但增罪結寃俱無所濟切宜戒之又問平生未念佛
人還用得否答曰此法僧人俗人未念佛人用之皆
得往生余多見世人平常念佛禮拜求生西方及至
臨病却又怕死都不説著往生解脱之事直待氣消
命盡識投冥界方始十念鳴鐘恰如賊去關門濟何

事也死門事大須是自家做主自家著力若一念差錯歷劫劇苦誰人相代思之思之若無事時當以此法精進受持是爲臨終大事 善導和尚

心本不生緣合而生心本不死緣散而死似有生死原無去來於斯會得生順死安常寂常照世人畏死者以未悟本來無生故也本自無生焉得有死何畏之有然無生未易卒悟惟當專誠念佛久久念至一心不亂必得開悟就令不悟而一生念力臨終自知死去必生淨土則如流落他鄉得歸故里阿彌陀佛垂手接引往生歡喜無量何畏之有

尊意至是宜以所欲言事盡底書付令郎令胸中都無牽挂、一心正念心目內照、四字佛名歷歷明明無間無斷、從其今日去亦可、明日去亦可、設或不去活到一百二十歲亦可此爲要緊話朋友平生相交正在此處他皆小事不暇及也切勿貪生怕死而誤大事

蓮池遺稿

飭臨終三疑四關

慈照宗主淨土十門告誡云、念佛人臨終三疑四關、不可不慎三疑者一疑我生業重修行日淺恐不得生、二疑有心願未了及貪瞋癡未息恐不得生、三疑

我雖念彌陀臨命終時恐佛不來迎接有此三疑因疑成障失其正念不得往生故既念佛切要諦信佛經明旨經云念阿彌陀佛一聲滅八十億劫生死重罪上而一心不亂下至十念成功苟能心心不昧念念無差則疑情永斷決定往生今以三說消彼三疑一曰業本虛妄心淨卽空業重不必疑也二曰情同夢幻醒歸何有自肯息機貪嗔隨斷不必疑也三曰功專念切自心佛現佛不來不必疑也

四關者凡夫雖有信心念佛或宿業障重不免病苦若因此悔悟身心投誠皈佛自生淨土無智之人道

念不堅却言我今念佛而有病苦反謗阿彌只此一念徑入地獄一關也或平日口談淨土心戀娑婆不種出世善根惟求俗緣利益臨終遭病怖死貪生妄信師巫殺戮生命祈禱神鬼緣此心邪無佛攝護流浪三途二關也向持齋戒或因服藥或被勸逼破戒用葷此人無決定信喪失善根三關也臨終時繫念家財愛戀眷屬心放不下失却正念致墮鬼趣或託生蟲獸守護家庭宛如存日四關也故楊提刑言愛不重不生娑婆念不一不生淨土誠哉是言修淨業者要於平時考究平時打點臨期不眛全身放下念

念彌陀、但能堅此一念、便可碎彼四關　纂蓮宗寶鑑

飭十念往生

問衆生從無始造業、云何臨終十念、卽得往生、答曰衆生無始以來善惡業種多少強弱孰從知之但能臨終遇善知識十念成就者皆是宿善業強若惡業多者善知識尚不可逢、何論十念成就又汝以無始以來惡業爲重臨終十念爲輕者今以道理三種較量一者在心二者在緣三者在決定在心者造罪時從自心虛妄顛倒生念佛心從善知識聞說阿彌陀佛、眞實功德名號生一虛一實豈得相比譬千年闇

室日光暫至積闇頓除在緣者造罪時從虛妄癡闇心緣虛妄境界顛倒生念佛心從聞佛清淨真實功德名號緣無上菩提心生一真一僞豈得相比譬人被毒箭中傷肌破骨一聞滅除藥鼓卽箭出毒除在決定者造罪時以有間心有後心念佛時以無間心無後心遂卽捨命善心猛利是以卽生譬如十圍之索千夫不制童子揮劍須臾兩分又如千年積柴以一豆火焚少時卽盡又如人一生以來修十善業應得生天臨終之時起一念決定邪見卽墮阿鼻地獄惡業虛妄以猛利故尚能排一生之善業令墮惡道

何況臨終猛心念佛、眞實無間之善業、不能排無始惡業、得生淨土、無有是處智者十疑論

問既云七日臨終十念俄頃何得往生、答正以一心故、如智論中說、又自力他力故、如那先中說、智論云雖時頃少、心力猛利、是最後心、名爲大心、當知卽是一心不亂故、那先經云、如持大石置於船上、因得不沒、惡人念佛、不墮泥犁、而得生、亦如是、則已之心力佛之願力、交相成也疏鈔

飭父母往生

人子事親、察其往生時至、預以父母平生衆善、聚爲

一疏時時讀之令親生歡喜又請父母坐臥西向念念彌陀設像接引如臨極樂捨壽之頃更須用意無以哀泣亂其正志同聲念佛助之西行俾親得生淨土受諸快樂不亦善乎平生孝養正在此時寄語孝子順孫無忘此事 勸孝文

飭眷屬往生

大道無情寃親平等肰凡夫愛戀眷屬語以平等似未相應不知情愛未忘者惟有修習淨業共結西方伴侶則情歸忘情愛同忘愛不壞凡夫心相亦且普度往生固未嘗不平等也以視夫瀕危之際揮涕訣

別待潰之軀磬貲厚殮者其愛之大小何如明眼人自當有辨。纂故鄉消息

華嚴賢首品曰、又放光明名見佛此光覺悟將沒者令隨意念見如來命終得生其淨國見有臨終勸念佛。又示尊像令瞻敬俾於佛所深歸仰是故得成此光明。凡遇眷屬及一切人臨終先於寢室榻前置一立佛像向東病者向西與佛相對看病者燒香散花鳴磬助稱佛名或病者先不信念佛亦須種種方便勸令稱佛若有病症遺穢隨即除之亦無有罪以佛心慈悲但冀歸誠別無憎惡。無盡燈

飭護病者

修淨業人臨終如障重昏憒策勵非易則看病之人關係不小是當預爲籌畫至於終時惹嗔惹戀誤亡者入他道尤可懼也雜譬喻經言阿耆達王立佛塔寺功德巍巍臨終侍人持扇墮王面上令王嗔恚卽受蛇身沙門爲說經聞法生天故臨終侍人不可不護病者心也纂丁蓮侶

飭自念佛度冤親

薦亡功果不如生前自作功果所謂十念乃生前自念佛非身後請人念也經云身後人爲作功果七分

得一生前自作者得千百倍報故念佛者仗人不如求已若有罪惡念佛恐難往生但起見佛得道還度一切冤親之心則無不生或問人平生爲惡殘害衆生若臨死念佛亦生淨土衆生冤讎何時可解答曰生淨土得道之後皆度脫一切冤親豈不勝冤冤相報彼此無出期者乎 纂龍舒文

飭臨終請衆念佛

人於康健時宜請衆念佛懺罪解冤況當疾革能勇猛發心請人修淨業人大作佛事以助西往尤爲要着寶珠集載集維那臨終以餘貲兩次請衆念佛得

生淨土因思道氤法師對明皇云佛力法力三賢十聖亦不能測但當信而行之觀此又爲修淨土人標一赤幟矣 纂樂邦文類

飭末終思終念佛

或問一生造惡臨終念佛帶業往生然則我於生前且做世事直待臨終然後念佛可乎答曰所謂逆惡凡夫臨終念佛者乃是宿有善根福德因緣方遇知識方得念佛此等僥倖萬中無一豈不見羣疑論云世間有十種人臨終不得念佛一者善友未遇二者業苦纏身三者中風失語四者狂亂失心五者或遭

水火六者遭遇虎狼七者臨終惡友八者昏迷致死
九者軍陣戰鬪十者高巖傷命如此十種尋常有之
或宿緣所招或現業所報忽爾現前不容迴避便須
隨業受報向三塗八難中受苦受罪直饒你無此惡
緣只是生病自死亦未免風刀解體四大分離病苦
逼迫忙怖張惶念佛不得了也更饒你無病而死又
或世緣未了世念未休貪生怕死擾亂胸懷若是俗
人兼以家私未明後事未辦妻啼子哭百種憂煎念
佛不得了也更饒你未死以前只有些少病痛在身
忍疼忍苦叫喚呻吟問藥求醫禱祈懺悔雜念紛飛

念佛不得了也更饒你未病以前只是年紀老大衰相現前困頓龍鐘愁歎憂惱只向箇衰老身上左右安排念佛不得了也更饒你未死以前正是少壯正好念佛之時稍或狂心未歇俗務相關東攀西緣胡思亂想業識茫茫念佛不得了也更饒你清閒自在有志修行稍於世相之中照不破放不下把不定坐不斷忽然些子境界現前一箇主人隨他顛倒念佛不得了也試看老病之時少壯清閒之日稍有一事在心早是念佛不得況待臨終時哉何況你更道且做世事且世事如夢如幻如影如響那一件有實效

那一件替得生死縱你廣造伽藍多增常住將謂多做好事却犯了如來不體道本廣造伽藍等戒詎知有爲之功多諸過咎天堂未就地獄先成生死未明皆爲苦本眼光落地受苦之時方知平生所作盡是枷上添枷鎖上添鎖失却人身萬劫難復鐵漢聞之也須淚落祖師如此苦口勸人曾許你且做事業直待臨終方念佛耶又不見死心禪師云世間人財寶如山妻妾滿前日夜歡樂他豈不要長生在世爭奈前程有限暗裏相催符到奉行不容遲住且據諸人眼見耳聞强壯後生死却多少世人多云等待老來

方暇念佛不知黃泉路上不論老少能有幾人待得到老耶古云莫待老來方念佛孤墳多是少年人又云自從早年索妻養兒經營家計受盡萬千辛苦忽然三寸氣斷未免一旦皆休若是孝順兒孫猶能記憶爹娘若是不肖子父母方死骨頭未冷作撻財產恣意爲樂以此較之着甚麼要緊作千年計兒孫自有兒孫福莫與兒孫作馬牛古德如此苦口勸人曾許你且做事業待臨終方念佛耶當思人生在世能有幾時趁未病未老之前抖擻身心撥開世事得一日光陰念一日彌陀得一時工夫修一時淨業由他

臨命終時，好死惡死，我之盤纏預辦了也，我之前程，穩穩當當了也。若不如此，後悔難追。思之思之。天如師淨

土或問

淨土正辨

蓮宗之旨古今闡析已備理事兼融淺深具足所慮聰明才俊之徒恃盛氣未易卒降往往駕言玄解支離百出厥病有三一偏執已見二錯會意旨三墮入脚跟是名小慧而實大愚自誤誤人莫斯爲甚夫醍醐毒藥共是一味正知見是爲醍醐邪僻解便爲毒藥入口無及明眼宜先蓮師曰淨土之教專一心而向往歷三界以横超悟心外之無土則一眞湛而萬法泯誰是西方了土外之無心則七

寶飾而九運開何妨本寂朕上根卽事契理圓諦信不回下土有聞斯從亦無因起惑惟不上不下位屆中流乃欲從欲違志無定向由是十疑通於智者或問啓於則公天鼓諄諄婆心戀戀豈曰多言言所不容已也而復晷沉膏繼病劇藥增後是二書能無再述夫辨之不可以已也如是述正辨第八

辨生淨土救衆生爲易行道

問諸佛菩薩以大悲爲業秖應願生三界於五濁三塗中救度衆生何求生淨土專爲自利則是無大慈

悲障菩提道答曰菩薩有二種一者久修行菩薩道
得無生忍者實當斯責二者未得已還及初發心凡
夫凡夫菩薩者須常不離佛忍力成就方堪處三界
內於惡世中救苦衆生何以故惡世界煩惱彊自無
忍力心隨境轉聲色所縛自墮三塗焉能救衆生假
令得生人中聖道難得或因持戒修福得作國王大
臣富貴自在縱遇善知識不肯信用貪迷放逸乘此
惡業入三塗經無量劫從地獄出受貧賤身如此輪
迴至於今日人人皆如是此名難行道也故維摩經
云自疾不能救安能救諸疾人智度論云譬如二人

各有親眷爲水所溺一人情急直入水救爲無方便力故彼此俱沒一人有方便往取船筏乘之救接悉脫水溺之難新發意菩薩亦復如是未得忍力常須近佛得無生忍已方能救衆生如得船者又論云譬如嬰兒不得離母又如鳥子依樹附枝不能遠去翅翮成就方能飛空無礙凡夫無力唯專念阿彌陀佛使成三昧以業成故臨終斂念得生決定不疑見彌陀佛證無生忍已還來三界生死國中乘無生忍船廣施佛事遊戲自在教化地獄救苦衆生以是因緣求生淨土故十住婆沙論名易行道也　天台智者

辨見性悟道勿輕淨土

問見性悟道。便超生死。何用繫念彼佛。求生他方。答曰。眞修行人。應自審察、如人飲水、冷暖自知。諸仁者觀自己行解。見性悟道。受如來記。紹祖師位。能如馬鳴龍樹否。得無礙辯才。證法華三昧。能如天台智者否。宗說皆通。行解兼修。能如忠國師否。此諸大士皆明垂言敎。深勸往生。蓋是自利利他。豈肯誤人自誤。況大雄讚歎。金口可嚀。希從昔賢。恭稟佛敕。定不謬誤也。考往生傳所載。古今事跡顯著。非一。宜勤觀覽。以自照知。又當自忖。臨終時生死去住。定得自在否。

自無始來惡業障重定不現前捨此報身定脫輪迴否三塗惡道中行出沒自由定無苦惱否天上人間十方世界隨意寄託定無滯礙否若了了自信得及何善如之若其未也莫以一時貢高却致永劫沉淪自失善利將復尤誰嗚呼哀哉何嗟及矣 永明壽禪師

辨不修淨土五惑

夫以念爲念以生爲生者常見之所失也以無念爲無念以無生爲無生者邪見之所惑也念而無念生而無生者第一義諦也是以實際理地不受一塵則上無諸佛可念下無淨土可生佛事門中不捨一法

則總攝諸根有念佛三昧還源要術示往生一門所以終日念佛而不乖於無念熾然往生而不乖於無生故能凡聖各住自位而感應道交東西不相往來而神遷淨域此不可得而致詰也夫如來世尊雖分折攝二門現居淨穢兩土然本聖之意非以娑婆國土直爲可厭極樂世界直爲可忻蓋以初心入道忍力未淳須託淨緣以爲增上淺信之人橫生疑謗切嘗論之此方之人無不厭俗舍之煩喧慕蘭若之寂靜故有捨家出家則殷勤讚歎而娑婆衆苦何止煩喧極樂優游遠勝蘭若知出家爲美而不願往生其

惑一也萬里辛勤遠求知識者蓋以發明大事決擇生死而彌陀世尊色心業勝願力弘深一演圓音無不明契願叅知識而不欲見佛其惑二也叢林廣衆皆樂棲遲少衆道場不欲依附而極樂世界一生補處其數甚多諸上善人俱會一處既欲親近叢林而不慕清淨海衆其惑三也此方之人上壽不過百歲而童癡老耄疾病相仍昏沉睡眠常居大半菩薩猶昏隔陰聲聞尚昧出胎則尺璧寸陰十喪其九而未登不退可謂寒心西方之人壽命無量一託蓮苞更無死苦便獲阿惟越致佛階決定可期流轉娑婆促

景而不知淨土長年，其惑四也。若乃位居不退，果證無生，在欲無欲，居塵不塵，方能運同體慈悲，和光五濁。其有淺聞單慧，便謂高超十地，耽戀娑婆，詆訶淨土，宛肰流浪，接跡泥犂，不知自是何人，擬此大權菩薩，其惑五也。故經云：應當發願，願生彼國。長蘆賾禪師

辨禪淨同歸勿空談理性而廢事相

或問：淨土之說，蓋表法耳，智人宜直悟禪宗，今只讚說淨土，將無執着事相不明理性歟？答：歸元性無二，方便有多門。曉得此意，禪宗淨土，殊途同歸。昔人於此遞互闡揚，如中峯大師云：禪者淨土之禪，淨土者

禪之淨土而修之者必貴一門深入此數語尤萬世不易之定論也故大勢至菩薩得念佛三昧而曰以念佛心入無生忍普賢菩薩入華嚴不思議解脫而曰願命終時生安樂剎是二大士一侍娑婆教主一侍安養導師宜應各立門戶而乃圓融兩不相礙此皆人所習聞那得尚執偏見且爾云淨土表法者豈不以淨心即是淨土豈復更有七寶世界則亦將謂善心即是天堂豈復更有夜摩忉利惡心即是地獄豈復更有刀劍鑊湯愚癡心即是畜生豈復更有披毛帶角等耶又爾喜談理性厭說事相汝若真實理

性洞明便知事外無理相外無性何須定要捨事求理離相覓性況土分四種汝謂只有寂光真土更無實報方便同居等耶若一向說無相話以圖玄妙則心為淨土之說初學看得兩本經論便能言之何足為難且汝既心淨土淨隨處淨土吾試問汝還肯即厠溷中作住止否還肯就犬豕同槽飲噉否還肯入丘塚與腐骸同睡眠否還肯洗摩餇哺伽摩羅疾膿血臭穢諸惡疾人積月累年否於數者歡喜安隱略不介意許汝說高山平地總西方其或外為忍勉內起疑嫌則是淨穢之境未空憎愛之情尚在乃開口

高談大聖人過量境界、撥無佛國、蔑視往生、誠欺天誑人、甘心自昧者矣。又汝若有大力量、有大誓願、願於生死海中、頭出頭沒、行菩薩行、更無畏怯、則淨土之生、吾不汝強。如或慮此土境風浩大、作主不得、慮諸佛出世難值、修學無由、慮忍力未固、不能於三界險處度脫眾生、慮盡此報身、未能永斷生死、不受後有、慮後有既在、捨身受身、前路茫茫、未知攸往、則棄淨土而不生、其失非細。此淨土法門、似淺而深、似近而遠、難而實易、易而復難。但當諦信、速宜謹言、毋自禍禍人、貽苦報於無窮也。

蓮池師淨土疑辨

辨念佛有益參禪

古云參禪不礙念佛念佛不礙參禪如圓照本眞歇了永明壽黃龍新慈受深諸師皆禪門宗匠而留心淨土不礙其禪故知參禪人雖念念究自本心不妨發願往生極樂所以者何參禪雖得悟倘未能如諸佛住常寂光又未能如阿羅漢不受後有則盡此報身必有生處與其生人世而親近明師孰若生蓮花而親近彌陀之爲勝乎然則念佛不惟不礙參禪實有益於參禪也

辨禪宗淨土遲速

一僧專修念佛法門，一僧以禪自負，謂之曰，念佛必待生西方，肰後得悟，叅禪者現生便得悟去，遲速較肰矣。僧莫能決，舉以問予，予曰，根有利鈍，力有勤惰，存乎其人，則彼此互為遲速，未可是此而非彼也。如二人同趨寶所，一乘馬，一乘船，同日起程，而到之遲速，未可定也。語其遲，念佛有累劫蓮花始開，叅禪亦有多生勤苦，不能見性者矣。語其速，叅禪有當下了悟，不歷僧祇，獲法身，念佛亦有見性打徹，臨終上上品生者矣。古云，如人涉遠，以到為期，不取途中强分難易。

辨得悟正宜往生

或問禪者曰、但悟自佛即已、何必外求他佛、而願往生。子謂此實最上開示、但執之、亦能有誤、請以喻明。假使有人頓悟同於顏子。百里千里之外、有聖人如夫子者、倡道於其間、七十子三千賢相與周旋焉。汝聞其名、往而見之、未必不更有益處、而自恃頓悟、拒不覲謁可乎。雖然、得悟不願往生、敢保老兄未悟在。何者、天如有言、汝但未悟、若悟、則汝淨土之生、萬牛不能挽矣。至哉言乎。

辨心境非二淨土不可言無

有謂唯心淨土、無復十萬億剎外、更有極樂淨土、此唯心之說。原出經語。眞實非謬。但引而據之者。錯會其旨。夫卽心卽境。終無心外之境。卽境卽心。亦無境外之心。既境全是心。何須定執心而斥境。撥境言心。未爲達心者矣。或曰、凡臨終所見淨土、皆是自心、故無淨土、不思古今往生者。其臨終聖衆來迎。與天樂異香等。惟彼獨見。可云自心。而一時大衆悉見之。有聞天樂隱隱西去者。有異香在室。多日不散者。是得謂無淨土乎。圓照禪師。人見其標名蓮品。豈得他人之心作圓照之心乎。又試問汝臨終地獄相現者。非

心乎曰心也其人墮地獄乎曰墮也夫心現地獄者既墮實有之地獄心現淨土者不生實有之淨土乎寧說有如須彌莫說無如芥子戒之戒之

辨淨土專志西方

有謂吾非不信淨土亦非薄淨土而不往但東方有佛吾東往西方有佛吾西往天堂地獄但有佛處吾則隨往非必專求西方之極樂世界也此說甚高玄朕不可以訓非初發菩提心者所能也經云譬如弱羽止可纏枝世尊示韋提希十六觀法必先之落日懸鼓以定志西方而古德有坐臥不忘西向者豈不

知隨方皆有佛國耶大解脫人任意所之如其不然恪遵佛敕　已上纂蓮池竹窗

辨念佛修觀非執着取相

或謂求生淨土念佛修觀皆是執着取相非超越之法夫佛言不着相者蓋令不着我人衆生壽者不住所修法相遣蕩人法二執即達人法二空何嘗以繫念進修爲着相乎若謂修念佛三昧者定非着相者所能幾以佛身無相無可着耶夫般若眞空原爲修六度人令不住相若六度不修般若焉用眞學道者達修無修了念無念終日修而未始修終日念而未

嘗念故經云無我人衆生壽者修一切善法則得阿耨菩提是知了達之士、原未嘗不修善法也觀經義疏

辨念佛不可輕視

世人稍利根、便輕視念佛、謂是愚夫愚婦勾當、彼徒見愚夫愚婦口誦佛名心遊千里而不知此等是名讀佛、非念佛也、念從心、心思憶而不忘、故名曰念、試以儒喻儒者念念思憶孔子其去孔子不亦庶幾乎今念念思憶五欲、不以爲非、而反以念佛爲非、噫、似此一生空過何如作愚夫愚婦耶惜乎智可能也、愚不可能也

辨叅究念佛

洪永間有空谷天奇毒峯三大老共論念佛天奇毒二師俱教人看念佛是誰唯空谷謂只直念去亦有悟日此二各隨機宜皆是也而空谷但言直念亦可不曰叅究爲非也疑者謂叅究主於見性單持乃切往生欲廢叅究而專單持言經中止云執持名號曾無叅究之說此論亦甚有理依而行之決定往生但欲存此廢彼則不可蓋念佛人見性正上品上生事而反憂其不生耶故疏鈔兩存而待擇請無疑焉已上蓮池竹窗

辨念佛融通宗教

問人若一日以至七日。或亙月經年。翹勤勇猛。一心不亂矣。後爲他師所奪。令入宗教二門。雖兩俱無成猶不離佛門也。臨終時佛肯收之否歟、答卽念卽佛則念佛何非宗。析空而念。藏也。體空而念。通也。次第而念。別也。一心而念。圓也。則念佛何非教。一舉雙得誰謂無成。前通後融。不名爲奪。如是往生。固無疑矣。祇恐自生分別。心挂二途。愆由已生。非佛法咎。

辨念佛心性身名

問觀經言。觀佛心者。大慈悲是。世人若能放生戒殺。

仁民愛物。以至九種衆生。皆滅度之。而不作滅度想。遂與法藏之心契矣。且又不違釋迦觀心之訓。奈何取觀身與稱名之麤迹。而反以佛心爲助緣耶、答。念佛有二。一者念佛心性。二者念佛身名。念心性者見眞佛也、不妨覿光明相好之佛於西方。念身名者見應佛也、亦能觀自性天眞之佛於象外。本迹雙舉。理事同原。心性良非助緣、身名豈云麤迹。今五部六冊之徒。藉口無爲。撥空因果。障人禮像。嗤彼稱名。古德有言。人人丹霞方可劈佛、箇箇百丈始可道無、其或未然。入地獄如箭射。

辨理事非二心

問慈雲開埋一心事一心夫一心錄作一心作事是二心互起奚云不亂答智一也而況權實非裂智以成雙心一也而說妄眞不破心而爲二觀有理事亦何礙焉譬之鏡像別而不離水月分而不斷就事而思其理理在事中從理而推其事事非理外何待兩處起念故理事者一而二二而一者也

辨宜繁宜簡

問法藏十念釋迦七日從約也至遠公與式公而六時而懺儀備也士攢眉去焉夫使七日十念佛語非

誑。何爲又若是不憚煩。而峻淨國以拒人耶。答、大聖、化人、善權自非一、種宜繁者爲說繁、宜簡者爲說簡、七日十念。非言易以驕人、百倍之精專、七日勝乎一生、十念超乎萬念也。六時禮懺。非言難以阻人、宿習之濃厚、少時則刮磨未盡、有間則三昧難成也。龍舒日禮千拜。永明晝夜萬聲。攢眉而去。吾未如之何也已。已上蓮池淨土問

辨往生早暮功決不虛

世有一生念佛。未是一心念佛。必不得生。若果真實用心而未純一。雖今世不生。亦植生因。必於來世成

就三昧而得生慎毋藉口曰某某念佛徒勞無功遂謗聖教為不足信 疏鈔

辨一念往生

問一念十念往生淨土何者為正曰但一念往生住不退地此為正也如佛說謗佛毀經五逆四重皆一念惡業成墮無間獄猶如箭射今念佛生淨土亦一念善業成即登極樂猶如屈臂前一念五陰滅後一念五陰生如蠟印印泥印壞文成尚不須兩念豈必至十念哉又如經云愛酪沙彌生一念愛心後生酪中作蟲斯皆一念非十念也至觀經十念蓋為遘疾

尫羸力微心劣故須十稱彌陀以助其念若心盛不昧一念生焉亦猶栽植絲髮其茂百圍也　寶王論

辨念力重大

疑念力輕微者衆生愚昧信有形之行業大不信無形之念力尤大何以故念力是行業根一切事業非念不成如人造罪無心造者重得輕報有心造者反是以念力重故如人無記分流俗鄙事耳提面囑亦復不記若心慧者種種難記之事一入耳根終身不忘以念力堅故蘇子瞻曰佛以大圓覺充滿十方界我以顛倒想出沒生死中云何以一念得往生淨土

我造無始業，本從一念生，既從一念生，還從一念滅。生滅滅盡處，則我與佛同。淨土決云：人之念頭所係最急，如水之必赴海，如火之必炎上，如利刃之必傷，如毒藥之必殺，無空過者。念佛之念，亦復如是。如婬男子婬念堅故，化爲猛燄，延燒神廟。又如月光童子觀想水故，弟子開屋，惟見清水。又如僧清辨與外道論議，外道堅執已見，忽化爲石。清辨書問於石上，明日往視，亦有答辭。久之忽自破碎，而吼聲於空中。是等皆已念力堅猛，無因變化。云何念佛而佛不現？當知念力是一切法中之王。

辨業性本空

一疑結習濃厚者。凡夫但知業力。不知業性空。故若衆生業性實者。盡虛空界。無容受處。如黑雲障空。風至則滅。若雲實者。吹亦不去。虛空喻性。黑雲喻業。念佛喻風。又業性卽是法性。力用至大。以結使故。神力不現。如烏芻瑟摩。聞空王佛說多婬人成猛火聚。刦後徧觀四肢百骸諸冷煖氣。神光內凝。化多婬心。成智慧火。大同一熱惱。方其婬成大火聚。及其離成大寶燄。若婬性實者。云何是中而得三昧。是故迷成。卽入胎獄。念成。卽入蓮胞。已上西方合論

辨心量廣大淨土非遠

問往生之說其心現故惟心所生但今學者不能曉了此旨疑極樂遠隔十萬億國恐難得到答曰生則決定生去則實不去眞如佛性本自無生因緣和合生卽無生說了許多心外無土土外無心到這裏猶道不曉此無他只是妄認自心在色心之內方寸之間不知自家心量原自廣大讚佛偈云心包太虛量周沙界夫十方虛空無量無邊心量都能包攝恒沙世界無量無數我心一一周徧如此看來十萬億國在我心中其實甚近何遠之有命終生時生我心中

其實甚易何難之有不見十疑論云十萬億刹爲對凡夫肉眼生死心量說耳但使衆生淨土業成者臨終在定之心卽是淨土受生之心動念卽是生淨土時經云一彈指頃卽得往生又云屈伸臂頃自信錄云十萬億刹頃刻至者心本妙故此等重重喻說皆言其生在自己廣大心中甚近而甚易者也 天如或問

辨自心佛現

如來本願功德力故令彼有緣衆生修集功德則生心感現佛身來迎不是諸佛實遣化身而來接引但是衆生有緣時機正合能令自心見佛來迎則佛身

湛然常寂無有去來衆生識心託佛本願功德勝力自心變化有來有去是知淨業純熟自視佛身惡果將成心現地獄如福德勝者執礫成金業貧之人變金成礫轉變是我金礫何關　侈字函第七卷

辨不往而往無生而生

以生於自心故不往而往名爲往生如華嚴解脫長者說華嚴重重法界不出一心楞嚴十方虛空皆汝心內是知極樂之生生乎自心心無界限則無西無東去至何所狀其易穢而淨脫舊而新離一得一似有所往名之爲往豈從此向彼如世間經城過邑之

往耶解脫所說者入法界品解脫長者言彼諸如來不來至此我不往彼若欲願見安樂世界阿彌陀佛隨意即見既云隨意則不越一念而生彼國故狀其得生名之往生實無所往不往而往不妨說往究極而言非但無往亦復無生不生而生不妨說生 疏鈔

辨欣厭取捨

若據平等法門非垢非淨則欣厭無地折攝何施但令生死凡夫迷心逐境頭出頭沒無從出離而復遮其欣厭欲令直悟自心是猶田蛙井鮒不與之水而反責以沖霄祇益沉淪於事何濟於是無苦樂中示

苦示樂、苦以折伏、樂以攝受、折則激其頑迷、而令起

厭離、攝則惕其懈怠而俾生欣樂、然後久在泥塗始

嫌汚穢、乍聞淨土深起願求、此大火聚、彼清涼地、炎

燒衆生、不得不避此而趨彼、方便度生、法自應爾、生

彼國已見佛聞法得無生忍、方悟此心本來平等

論云、菩薩未得無生法忍、不能度生、須求生淨土、得

無生忍已、方克有濟、故初心菩薩必先捨此苦處、生

彼樂處、據此則捨苦者正欲拔衆生之苦、取樂者正

欲與衆生以樂也、圭峯釋圓覺種種取捨皆是輪迴

大梅亦云、捨垢取淨是生死業、此等語非不極致、但

得旨則號醍醐失意則成毒藥充類至盡何但捨娑婆垢取極樂淨爲取捨也縱謂我土惟心而捨境取心亦取捨也縱謂我無取捨而捨此有取捨取彼無取捨亦取捨也亦輪迴生死業也寧知理隨事變則無取捨處取捨宛然事得理融則正取捨時了無取捨故菩薩示苦樂境開取捨門權實雙行理事無礙故若水評圭峯疏謂欣厭取捨雖謂迷真起妄亦能順敎成功但知全修卽性則欣厭本空況安養一門諸佛共讚往來法界彌顯唯心託彼勝緣速登寶覺實生物歸棲之正路至聖汲引之妙權也　疏鈔

辨不信佛論

世人不信佛者輒云西方諸佛古今何人親炙其容親聞其誨何所據而云朕不過彼氏創爲釋教著作經文互相標榜贊歎愚夫婦從而惑之信之奉之傳於後世化已大行具有知識者亦漸爲其所惑由其善惡禍福因果輪迴之說能中人之隱遂自天子達於庶人其間雖英君哲士亦莫敢不信之奉之而西竺千城從此永固矣據佛入中國始有丈六金人之夢夫夢屬幻境何足信也又有佛髮佛牙佛骨之迎夫髮牙與骨爲朽物何足信也佛誠威靈不測胡不

現身說法俾疑者信者耳目焉豈非一大快事乃止以髮牙骨爲敎化所被令人何所別其眞僞且形長丈六髮長丈二何怪誕而不經宜爲儒者所斥矣況佛不能逃生死外而同歸寂滅安在其爲佛也肰則佞佛者又果何所蒙其福也世之謗佛毀佛者心口牢不可破約畧如此克復請從而辨之四大部洲西方有阿彌釋迦猶東土有大聖先師也佛統其徒億萬闡化西方猶先師率其弟子三千敷教南上也億萬之徒親炙佛容親聞佛誨猶三千弟子親炙師容親聞師誨也佛創立釋教著作經文古今莫不信之

奉之、猶、先師、創立、儒教、著作、論語、古今、莫、不信之、奉之、也如以不見佛而不信應亦不見先師而不信矣後人不能見前人前人不及見後人譬如陰能矚陽陽不能矚陰彼以佛爲不見而不足信則赫赫上帝、明明百神亦將以不見而不足信與一切善惡禍福因果輪迴之旨易稱積善餘慶不善餘殃、足決因果精氣爲物、遊魂爲變、足證輪迴考之三聖參之百世寧有殊耶乃若道本諸身、無徵不信、動物唯誠化神莫測夫佛寧假威權法術故能以慈悲願力沁人肺腑、攝人魂魄、致古今至尊至賤、至聖至愚、罔不皈依如是豈謗毀佛者之聰明才德獨駕軼於先哲名流而率臆矯誣肆無忌憚多見其僻且謬耳唐宋韓歐闢佛大抵以佛產夷狄中國當擯之考迦毘羅國實居南贍正中我國處其東北則佛土在西舜生東夷文生西夷皆以方隅遐濶言之儒者欲擯佛當先擯舜文矣中庸贊至誠聲名洋溢中國施及蠻貊詎蠻貊必爲中國所擯耶諸佛演法西方三界相通人天互印其生其滅俱有瑞應昭昭流傳中國兆於千載以前佛即產於夷何傷今佛現在淨土必欲入穢土而救衆生夫亦愈知佛能化穢穢何能涅佛也又指

其教爲邪說誣民生死止此聚散之氣何有三世因
緣抑知識神歷劫生死死生轉如轆轤四生十二緣、
未證眞如誰能超此惡濁劖人有色身有眞身色身
無不壞之理惟色身脫而眞身現此之謂了却生死
先師曰未知生焉知死又曰朝聞道夕死可矣復何
疑於佛又指其教爲無父無君佛經首四十二章其
十章云凡人事天地鬼神不如孝其二親儒者言孝
不過曰事親如事天佛言孝直尊之天地鬼神之上
而謂之無父可乎其三十六章云六情既具生中國
難既奉佛道値有道之君難何其愛中國而重明君

也而謂之無君可乎又指佛法乘中國氣虛而入彼老氏尼父並生於衰周豈亦乘氣虛而起耶又指佛經竊取老莊餘瀋佛成道在無量劫前著經三藏十二部流傳茲土者猶大海之一勺自漢唐摩騰玄奘等所譯大乘皇皇如日月經天烏可與老莊並視哉至以佛髮佛牙佛骨爲朽物稽昔明王至聖皆有冠履之藏青烏家異人往往有埋爪髮之冢豈非愛其身者及其髮爪尊其道者及其冠履況天人導師如佛而中外供奉其髮與牙與骨何足異也若以丈六丈二而怪之無論馭世初生每多奇形如獸就孟子

所載湯九尺文王十尺使令人見此不幾盡斥以爲怪與更視夢爲幻境議論繁興漢明莫逃罪首之誅肰則史書艮弼之夢飛熊之夢兩楹之夢盡不可信耶夢爲想因思極通神安知生非大夢夢非大覺也唐宜之云余幼時父母望我成名夢筆要稍長懷利濟民物心夢事業今老矣無夢可做乃專心念佛一意西馳夢去隨處見佛到處是淨土世以夢爲幻者是猶見死者回生述冥中事縷縷詎直不信以爲肰且肆斥以爲妄也汨滅善根自誤誤人當入地獄如箭迨夫人入地獄備經痛苦亦何能述以告人間有

託夢訴其妻若子者其妻若子夢中見之聞之不覺大慟而寤寤後亦必以爲幻而不信矣噫可歎也可悲也彼韓之齊名有柳歐之高弟有蘇乃大鑑碑銘具見西來大意長公禪喜播揚震旦宗風他若司馬温公富鄭公品望頗出韓歐悉推篤信能仁即韓悅大顛歐悅祖印未嘗不深相契合讀昌黎著作既以爲無因果又以爲有冥道其祭十二郎文死而有知無知悲與不悲之論抑何於生死大事游移莫定若此宋范鎮不信佛法謂子瞻曰鎮生平所未見者終不肯信子瞻笑曰恐未必然設公有病延醫視脈醫

按陰陽虛實而投藥公亦豈能自見其脈而信之也哉克復陋識蕪言何足重輕如來演說諸經具在取而誦之非金口所親宣即慈容之面白苦口婆心任毀任謗孔子作春秋曰知我者其惟春秋乎罪我者其惟春秋乎辨不信佛應作如是觀

周子辨不信佛論竟有友人進而告曰儒者闢佛由孟子距楊墨孟子距楊墨由孔子攻異端子亦儒家者流奚爲而指其僻且謬耶余曰否否孟子距楊墨謂楊墨之道不熄孔子之道不著是孟子距楊墨非距佛也孔子攻異端非攻佛也楊氏爲我拔一毛而

利天下不爲墨子兼愛摩頂放踵利天下爲之抑思萬物皆備於我舍成已何由成物舍成物何以成已楊墨執一不通非孟子深惡而力辨之斥爲邪說誣民罪以無父無君其釀禍古今寧直害已害人而已斯誠大道之異端孟子烏得而不距之也哉今取釋道自利利他之言參儒道成已成物之旨有異乎無異乎但儒道主經世釋道主出世古今治乎天下之大法非儒道不可凡人解悟生死之大事非釋道不可方從事乎經濟而盡謀出世固不可終淪胥乎業緣而竟忘出世亦不可經世而力排從佛者懼人主

惟若空是尚而不修治平之大法不得不如是出世而力辨毀佛者憂凡人爲情欲所汨而不了生死之大事亦不得不如是友聞余言已憬然從坐起曰子豈好辨哉今而後不特儒教釋教不必分爲異同併可作三教合一論矣

附王載生佛法入中國考

三教之興鼎峙咸賴老氏與尼父並生中國獨佛誕於西方遂目爲夷教併坐漢明之罪而不知考核之未詳也據范曄後漢書西域傳明帝夢見金人長大頂有光明以問羣臣或對曰西方有佛形長丈六黃

金色帝因遣使天竺問佛道法於中國圖其形像焉涑水通鑑明帝初感金人入夢遣博士蔡愔等十八人奉使天竺訪迦葉摩騰竺法蘭二僧得經四十二章及佛眞像歸經藏之蘭臺石室像繪之淸涼顯節陵又立白馬寺是爲佛入中國之始汪克寬考異註帝聞西域有神其名曰佛遣使求得其書大抵以無爲爲宗貴慈悲不殺人死精神不滅隨復受形生時所行善惡悉有報應永平間奏有周書異紀紀釋迦佛生周昭王甲寅二十六年四月八日生時江河泛溢大地皆動五色光貫太微太史蘇由卜曰乾之九

五飛龍在天是君王之位西方生大聖人也王懼其人中國由目後一千年聲教流被此土王命刻石爲紀埋之南郊佛滅度於周穆王五十二年二月十五夜滅時乾坤震動有虹十二道貫日經天太史扈多占曰西方聖人入滅之象又漢書成帝元狩中將軍霍去病討匈奴殺休屠王獲其祭天金人帝列於甘泉宮金人身長丈餘不設祭祀燈香禮拜而已又哀帝明壽元年博士景慮受大月氏王口傳浮圖經秦始皇時西域沙門室利房至長安帝囚之夜有金人破獄而出又列子載周穆王時有西方聖人至王爲

列中天之臺又載孔子答太宰蕩曰西方有大聖人不言而民化不動而民不亂爲五帝三王之所不及是皆在白馬未入中國以前歷歷可考由此觀之佛法入中國在漢明之世中國之知有佛則不始漢明其所從來久矣

淨土了俗

娑婆之爲俗也苦矣知俗苦則當厭知俗外有極樂則當欣肰知苦知樂非大了了人不能衆生永劫帶來無明種子酣迷沉夢何日得了須剔起雙眉一眼看破自身一眼看破世間自肰求生淨土如呼之必吸刻不容待矣懷則師曰凡言觀心觀佛皆屬妄境意在了妄卽真不須破妄肰後顯真肰心佛之妄不須破而世俗之妄不可不破以破世妄淨土方顯故淨土顯而真心得而真佛現肰後

可言生死自如遊戲三界可言即妄即眞可言心外無土至此則一了百了也或問緇門非俗矣復何事了曰出家有出家之俗故非斷盡無明俗正未易了也問俗如何了曰如亂絲不可理抽刀立斷故問人踞堂上方得盡見堂下今人人身囿俗中何能了俗曰解虎項金鈴還是繫鈴人故述了俗第九

了色身之妄

只這色身誰信身爲苦本盡貪世樂不知樂是苦因浮生易度豈是久居幻質非堅總歸磨滅自未入胞

胎之日寧有這男女之形只緣地水火風假合而成不免生老病死彫殘之苦上無絲線可挂下沒根株所生虛浮如水上泡須臾不久危脆似草頭露倏忽便無長年者不過六七十以皆亡短命者大都三二十而早夭又有今日不知來日事又有上牀別了下牀時幾多一息不來便覺千秋永別雪峯頌一盞孤燈照夜臺上牀脫了襪和鞋三魂七魄夢中去未委明朝來不來歎此身無有是處奈誰人不被他瞞筋纏七尺骨頭皮裹一包肉塊九孔常流不淨六根恣逞無明髮毛爪齒聚若堆塵涕淚津液汚如行廁裏面盡蛆蟲聚會外頭招蚊虱交攢沾一

災、一疾、皆死、得人、更大熱大寒、催人易老、眼被色牽、歸餓鬼、耳隨聲去入阿鼻、口頭喫盡千般、死後只添油幾滴、長䰄詩云、紅紅白白莫相瞞、無位真人赤肉團、敗壞不如猪狗相、只今便作死屍看、此身無可愛惜、諸人當願出離、如何迷昧底尚逞風流、朦董漢猶生顛倒、或有骷髏頭上簪花簪草、或有臭皮囊畔帶麝帶香、羅衣罩了膿血囊、錦被遮却屎尿桶、用盡奸心百計、將謂住世萬年、不知頭痛眼花、閻羅王接人來到、那更鬢斑齒損、無常鬼寄信相尋、箇箇戀色貪財、盡是失人身捷徑、日日飲酒食肉、無非種地獄深根、眼前圖快活一時、身後受苦辛萬劫、淨土文、皮包血肉骨纏筋。顛倒凡夫認作身。到死始知非是我。從前金玉付他人。

一旦命根絕處。四大風刀割時。外則腳手牽扯。內則肝腸痛裂。縱使妻兒相惜、無計留君。假饒骨肉滿前、有誰替汝。

古頌、父母恩深終有別。夫妻義重也分離。人情似鳥同林宿。大限來時各自飛。

生底只得悲啼痛切。死者不免神識奔馳。前途不見光明、舉眼全無伴侶。過奈河岸。見之無不悲傷。入鬼門關。到者盡皆悽慘。世上纔經七日。陰間押見十王。曹官抱案沒人情。獄卒持叉無笑面。平生作善者。送歸天道僊道人道。在日造惡者。押入湯塗火塗刀塗。鑊湯沸若岸崩。劍樹勢如山聳。灌銅汁而徧身肉爛。吞鐵丸而滿口煙生遭剉磕則血肉淋漓。入寒冰則皮膚凍裂。身碎業風吹再活。命終羅刹喝。重生人間歷盡百春秋。獄內方爲一晝夜。延光集、鑊湯鑪炭葅幽壤。劍樹刀山聳太淸。受罪要終八萬劫。獄卒牛頭始放行。魂魄雖歸鬼界。身屍猶臥棺中。或隔三朝五朝。或當六月七月。腐爛則出蟲出血。臭穢則熏地熏天。胖脹不堪觀。醜惡眞可怕。催促付一堆野火。斷送埋萬里荒山。昔時要俏紅顏。翻成灰燼。今日荒涼白骨。變作泥堆。寒山頌、胭脂畫面嬌千樣。龍麝熏衣俏百般。今日風流都不見。綠楊芳草髑髏寒。從前恩愛、到此成空。自昔英雄、如今何在。淚雨灑時空寂寂。悲風動處冷颼颼。夜闌而鬼哭神號。歲久

而鴉餐雀啄荒草畔漫留碑石綠楊中空挂紙錢下
梢頭雖免如斯到這裏怎生不醒寒山云雀啄鴉飡皮肉盡風吹日炙
髑髏乾日前試問傍觀者自把形骸仔細看大家具眼休更埋頭翻身跳
出逃津彈指裂開愛網休向鬼窟裏作活計要知肉
團土有眞人是男是女總堪修若智若愚皆有分但
請迴光返照便知本體元無若未能學道參禪也且
勤持齋念佛捨惡歸善改往修來移六賊爲六神通
離八苦得八自在便好替天行化不妨代佛接人對
衆爲大衆宣揚歸家爲一家解說使處處齊知覺悟
教人人盡免沉淪上助諸佛轉法輪下拔衆生離苦

海佛言不信、何言可信、人道不修、他道難修、莫教一日換了皮、縱有千佛、難救汝火急進步、時不待人、各請直下承當、莫使此生空過。寒山云、百骸潰散離塵泥、一物長靈復是誰、不得此時通線路、骷髏著地幾人知。此文乃師子峯如如顏丙勸修淨業文

田園屋宅非着人物也、夫妻子女非着人物也、金銀財帛非着人物也、其着人者乃臭肉枯骨之堆垜耳、有此堆垜、引起認堆垜之妄念、無端便生執着、便道臭肉是我、枯骨是我、妻孥是我眷屬、田宅金帛是我財產、嗟乎、世人何癡愚、一至此也、若是明心達性的人、識得世間總沒要緊、把我此身形撇在西風頭裏、

處處着箇罷字、何等了當所以道無着無着、一味好藥臭肉枯骨何用商畧西方有佛國名極樂念念不忘從今相約骨肉散時、恰用得着 無着

人身有眞假世人多不知人之本性含裹十方遍周沙界謂之毘盧法身人人有此但爲情塵所迷形骸所障不曾證得此法身者、眞身也如七尺皮囊乃地水火風四大假合而成偶聚便爲身形變壞卽歸虛幻謂之色身乃假身也迷人不知本性眞身而認此四大假身爲眞如百千澄清大海水不認而認海中一浮漚泡沫以爲海也於是因此假身、造種種罪業

宮室求高廣以居此身衣服求羅綺以華此身飲食求珍美以飽此身車馬求輕肥以逸此身聲色求美麗以娛此身於是人我分焉貪慾嗔喜是非榮辱生焉一生無限罪業悉從此起一旦變壞彼四大悉歸烏有而罪業乃識神承當如此執迷不悟枉受輪迴誠爲可憫道人悟其爲假暫時寄寓粗活百年不求稱意不爲彼而造罪假者既悟則眞者現前山河大地全露法身不執浮漚便見大海丈六金身尚屬如來劣應由旬億萬方是盧舍那身知此而後可以觀阿彌陀佛高六十萬億那由他恒河沙由旬之金色

身知此而益知淨土之當修矣身有眞假○已上合纂

想右脚大指腫爛流惡水漸爛至脛至膝至腰左脚亦如此爛盡唯有白骨次歷歷觀看白骨分明盡見靜心觀看良久乃思觀白骨者是誰白骨是誰是知身體與我常爲二物矣又漸漸離白骨觀看先離一丈以至五丈十丈乃至百千丈是知白骨與我了不相干也常作此想則我與形骸本爲二物我暫住於形骸中豈可謂此形骸終久不壞而我常住其中如此便可齊死生矣況我去此則往淨土乎日日作此想更別有所得如人飮水冷熱自知不假於言傳也

齊生死

天人禮枯骨偈云汝是前生我我今天眼開寶衣隨念至玉食自肰來謝汝昔勤苦令吾今快哉散花時再拜人世莫驚猜又餓鬼鞭死屍偈云因這臭皮囊波波劫劫忙只知貪快樂不肯暫迴光白業錙銖少黃泉歲月長直須痛棒打此恨猝難忘此言化俗則可以為誡肰則不可何則人神託於形骸之中所以用形骸者皆神耳故為天人者前世善用形骸者也為餓鬼者前世不善用形骸者也其得其失皆在當時及其受報而禮之鞭之亦何益已上龍舒文用形骸得失○

了世染之妄

圓覺謂輪迴以愛欲爲根本。而此愛欲。百計制之。莫可除滅。雖不淨觀。正彼對治。而博地凡夫。障重染深。祇見其淨。不見其不淨。觀法精微。鮮克成就。肰則如之何。經云。欲生於汝意。意以思想生。今觀此想。復從何生。研之究之。又研究之不已。老鼠入牛角。當必有倒斷處。輪迴根本。

昔佛行田間。見遺橐在地。指之曰毒蛇。言已徑去。有耕夫荷鋤往擊之。則遺橐也。持而歸。得金數鎰。大喜過望。俄而聞於王。責令輸官。以爲獻少匿多。楚掠備至徵索無已併其怪產俱盡他日遇佛泣曰瞿曇誑我瞿曇誑我佛曰向汝道毒蛇是毒蛇否嗟乎今之螫於毒蛇者衆矣螫而無悔而復受其螫者亦衆矣豈獨一耕夫哉　蛇喻

人對世間財色名利境界以喻明之有火聚於此五物在傍一如乾草纔觸即爇者也其二如木噓之則爇者也其三如鐵不可得爇者也然而猶可鎔也其四如水不惟不爇反能滅火者也然而隔之釜甑猶可沸也其五如空然後任其燔灼體恆自如亦不須滅行將自滅也初凡夫中修學最後方名諸如來大

聖人對境○已上蓮池

前事過去空。今事眼前空。未來決定空。一切世緣佳者如彩雲簇艷。惡者如濁霧逃空。今人於順意則生留戀。拂意則起憎嫌。徒增黑業。實相安在。惟時時以空觀照之。不可執而爲有。自障吾心。金剛般若云。無我相。無人相。無衆生相。無壽者相。此之謂般若眞空。出世喫緊第一着也。眞空○合纂

世間咸謂最不堪處。最可憐憫者。莫如鰥寡孤獨之人。子竊以天下之最瀟洒。最快活者。莫如此四種人。惜其不知皈依淨土。則眼前既無靠傍。死後終墮輪

迴若此則誠苦耳如其聞佛法起信樂專意西方則生無挂礙死無牽絆位登不退永離惡濁世間孰有過於子肰一身如斯人之解脫者而翻謂其堪憐憫哉今人只爲認得身家太眞眷屬太重即賢智之輩能輕功名安貧賤至於兒女則斷斷擺脫不去無子的不知無子之樂有子的甘心牛馬之苦大見未了幼女又來男幸方婚女又催嫁波波劫劫那里容他有念佛的時候全不想受了多少拖累竟與你有甚相干何如四種人乾淨了當散誕逍遙他不少人的以此人不來討債人不少他的以此人不來還債趂

此地步。正好專意修行。跳出生死。眞世間第一快活人也。大抵人生少一分愛戀。便少一分纏縛。少一分纏縛。便少一分業障。與世緣淺。與佛緣深。速速念佛求生淨土。

四窮民○纂 程鸞淡話

吾杭有曾麻子者。中年謂其子曰。吾婚嫁事畢。爾曹亦能自立矣。吾將求閒於是。備棺槨。凡魂轎明旌鼓樂。悉辦。諸子哀絰執杖。引棺。已肩輿隨後。至西湖別墅。置棺中庭。遣子歸。榜其門曰。今日方閒。至死不入城郭。嗚呼。亦達矣。夫俗士具有家緣。其忙宜也。脫忙而曰今日方閒。出家者本閒也。乃勞形苦志。奔利趨名而不知休息當榜曰今日方忙可也袈裟底下失人身下之又下佛言常自摩頭以捨飾好肰豈惟飾好、常自摩頭曰吾僧也、頓捨萬緣、一心念道今日方開今剃髮染衣便謂出家噫是不過出兩片大門之家也非出三界火宅之家也每見人初出家莫不具一段好心久之又為因緣名利所染遂復飾衣服置田產畜徒眾多積金帛勤作家緣與俗無異古稱一人出家波旬怖懼今若此波旬可以酌酒相慶矣好心出家者快須着眼看破曾見深山苦行僧一出山來被數十信心男女歸依供養遂埋沒一生況其大者

乎古謂必須重離煩惱之家、再割塵勞之網、是出家以後之出家也出前之家易、出後之家難予爲此曉夜惶悚。出家後出家。已上纂蓮池

楞嚴經云、理因頓悟乘悟并消事非頓除因次第盡悟後尚有修學、不是一悟便了古佛菩薩從三大劫修成三劫以前早已悟了也問頓悟已了、何又事漸修圓智禪師曰、頓明自性與佛無二然有無始染習故假漸修對治、令順性起用如人喫飯非一口便飽靈祐禪師曰、如今初心雖從緣得一念頓悟自理猶有無始曠劫習氣未能頓淨、須教渠淨除現業流識、

卽是修也不道別有法教渠修行趨向此語非徹法源底者不能道今稍有省覺便謂一生參學事畢者何歟。悟後有修○合纂

了富貴之妄

自貧賤而視富貴見其氣燄熏灼不勝垂涎之慕然當之者、未必眞樂也皇甫謐云富貴擾神耗精如一人喜怒不測則憂在事主同列人懷異志則憂在羣情因貪位而患得患失緣爭權而伐異黨同位愈高則責愈重寵愈隆則忌愈衆日中易昃月盈便虧倉卒事幾一失、稅駕無所至求爲匹夫而不可得富家

翁持籌會計竭一生心力以遺子孫而百年興廢事難逆料身後所有卒歸他人譬蠶之結繭這繭子是纏身的物事自結自纏將怨誰人又是別人的物事人只要這繭誰要你這結繭的蟲由是言之富貴亦有何樂純是苦耳況富貴人到緊要處與貧賤無二蓋富貴勝貧賤者皆無要緊事如食以遏飢衣以禦寒若衣而華食而精此於身心有何緊要其他推此可知至大利害處老也病也死也止此隻身獨當一面之孤注到鐘鳴漏盡時光景帝王卿相以至氓庶總無人可代總同一結煞不增分毫思及此不由人

不當下心灰了也。

東坡在惠州時、佛印致書云、人生一世間、如白駒之過隙。二三十年功名富貴、轉盼成空。何不一筆勾斷、尋取自家本來面目。萬劫常住、永無墮落。何乃膠柱守株、待入惡趣。子瞻胸中有萬卷書、筆下無一點塵、到這地位、不知性命所在。一生聰明、要做甚麼。三世佛則是一箇有血性的漢子、子瞻若能腳下承當、把二三十年富貴功名、賤如泥土。令纂

了浮生之妄

一子人謂險子。多置姬媵廣嗣、獨不念身一而已、非

險身乎世多知子之險而忘身之險七篇將文幾級官位數箱金帛一區宅子數畝田園幾箇嬌妻美妾一場沒正經沒要緊閒是閒非人人被他汨沒一生箇箇打不出這般窠臼虛碌碌忙迫一場蚤已謝世吁可悲也已邵堯夫云使吾都十年亦可少集事奈何天地間日無再中理古語云狂謀迂筭百不就惟有霜鬢來如期又云如今休去便休去若覓了時無了時皆至言也胡不猛省於此

嘗遍觀世間人其知名當世者亦是千百輩中好漢却都將此世界認做是我常住不去的世界由明眼

視之色色過影一彈指間便去了許多正如木偶登場暫時呼笑破造物者將那線索提掛壁柱頭上嗟嗟此圜木中間尺五地方、豈是汝住頭之地乎一出打諢過後面一出又出來了只看眼前寒暑催人何異流波閃電回首四五十年前人物、倏忽澌盡、當時苦樂、誰不執迷、而秋草冬蟬、形響俱化、別成一番景象、不及知矣後之視今猶今悲昔迷者孟浪、悟者耽延擾擾奔忙那件實在惟有亟亟性命一途、可登極樂、爲不虛此風中燭焰耳古訓曰、是日已過、命亦隨減、先德示衆云、汝等出家未曾立脚得定、忽已過三、四十年矣伊菴權禪師至晚必流涕曰今日又只恁麽空過未知來日何如吾輩聞此痛切語能不心戰毛竪貪戀無益之虛事消磨有限之光陰想後追前可歎可憫合纂

了生死之妄

錢孝直曰從來三界生死輪迴比於牢獄朕則但未出生死皆三界獄中囚也囚有三種其一自謂決無生理聊於此中苟圖安逸一朝劊子手到觳觫就斃其一自負千金之子不惜金錢打點營生而情非決定一面且偷遊釜之娛倘再生路絕亦道盡甘心而

已別有負性倔强之夫不耐束縛伺守者少間掙斷枷鎖一往無前似此決烈彼安肯於未死前偷享餘生或出不出情懸兩可哉噫此亦我輩生死獄中一榜樣矣第一種人滔滔皆是篤言於功名富貴辛苦博來極宮室妻妾之奉以自娛樂語以生死恬不關心語以生死外別有出路啞肰第付一笑以全不具信根故也第二種人生來亦具宿根禮佛談禪護持教法造寺齋僧金錢不吝肰插足世網之中名韁利鎖如入荊棘叢牽絆不得自由夫人生出世一件大事因緣不專心去做而欲以餘力及之世間豈有揚

州鶴哉雖生平作福不離人天生死關頭總跳不出亦緣其怖生死心原未眞切故也如第三種人不求生富貴但下死工夫乃眞能求出生死者矣今見纍絏中人呼天乞命莫不哀其愚而嗤其求生之不早吾謂死囚求生太晚比之我輩猶爲蚤計也死囚秋決歲不過一日一日前後皆可寬朕打點我輩在三界獄中歲歲可死月月可死日日刻刻可死賤死貴亦死老死少亦死惡人死好人亦死不序爵不序德不序齒一息不來便分今古不早打點姑待一刻萬一即此一刻鶴帖到來劊子當面手忙脚亂何以禦

之。又袁中郎曰、衆生處五濁世、如囚處獄、以入獄者皆罪人、處人天者、皆是業報分段之身故也。然罪人入獄、時刻求出、以知棘牆之外、更有許大安樂世界、故也。今衆生以煩惱爲家宅、以生死爲園囿、不知大鐵圍山、是我棘牆、三界法場之外、各各自有家鄉樂地。諸佛憫此、爲分別淨穢、指以脫歸路程、而歲久拋業之人、了無歸處、諸佛又大建宅舍以安之、一則往來獄門、爲治道途、一則長伺獄外、修飾旅館、如是之恩、何身可報。經曰、如來爲一大事出現於世、大事者即此事也。諸佛既不惜垂手、衆生種種反戀此毛頭

許事以小易大、死而不悟、何哉

獄喻

世人有言積快活以防死、其意謂人世太苦、人生太促、與倉皇而就謝、孰若縱樂以行休、萬一與化俱遷、追想生平儘多樂事、較之窮饑終身者、詎不勝彼一籌、如昔人所云十聽春啼變鶯舌、三嫌老醜換蛾眉、是其類也、予曰果爾、則是擔頭加重、鼎沸益薪、是名促死、何名防死、如佛言受即是空、食列數味、放箸即空、出多騶從、既到即空、終日遊觀、既歸即空、為善事畢、勤勞即空、而白業具在、為惡事畢、快意即空、而黑業具在、世之為白業者少、而為黑業者多、是以一時之快意而造茫茫之業海也以是防死果得策歟夫防死是大丈夫第一事防死第一着無如了生死欲了生死無如念佛求生西方又有一等世味籠罩他不得的以高尚爲志以閒散爲襟或詩酒陶情碁局換世或棲心五嶽嘯咏煙霞此皆虛送居諸之徒耳其上則十種飛仙三山羽客非不逍遙鸞鶴沖舉自豪無奈眞性未明生死未了樂天云假使得長生纔能勝天折言長本對短未離生死轍不如學無生無生卽無滅誠哉言也防死

東坡云日者韓持國婿王實見訪言持國自謂已癃

老且將聲樂酒色以娛年東坡曰唯其殘年正不當爾頃有一老人置酒會親友酒闌語衆奄奄且去諸子呼號願留一言爲教老人曰只宜第一五更起諸子未喻老人曰唯五更可勾當自家事自家事者是死時將得去者且吾平居治生今日就化可將何者去諸子頗悟請君言於持國勾當自家事與其勞心聲酒不若爲可以死時將去計也勾當自家事○已上合纂

醉生夢死恆言也實至言也世人大約富貴貧賤二種貧賤者固朝忙夕忙以營衣食富貴者亦朝忙夕忙以享欲樂受用不同其忙一也忙至死而後已而

心未已也。齋此心以往。而復生。而復忙。而復死。死生生死。昏昏蒙蒙。如醉如夢。經百千劫。曾無了期。頭肰獨醒。大丈夫當如是矣。

醉生夢死

放牛居士叅無門老人。待悟曰。大聰明人纔聞此事。便以心意識領解。所以認影為真。到臘月三十日眼光欲落。向閻老子道。得我澄心攝念。却與你去斷不可也。須是急叅急悟。又黃蘗垂示云。預先若打不徹。臘月三十日到來。管取你熱亂肰。此打徹二字。不可容易看過。不是過幾本經論。當得徹也。不是坐幾炷香。不動不搖。當得徹也。不是解幾則古德問答機緣作幾句頌古拈古當得徹也不是酬對幾句口頭三昧滑溜當得徹也眞實徹悟者平日踏得牢牢穩穩不動干戈可以八面受敵無常到來安閒自如不慌不忙不怖不亂何更符澄心攝念勉强支吾耶古人謂此事洞然如桶底脫爽然如大夢得醒更無纖毫疑處方可所謂急叅急悟吾輩當力圖之　徹悟

黃魯直曰深求禪悅照破生死之根則憂畏淫怒無處着脚但枯其根枝葉自瘁此至論也但未明言孰爲生死根者又禪悅下要緊在照破字若得禪悅便謂至足則內守幽閒正生死根耳須是窮叅力究了

了見自本性則生死無處着脚生死尚無處着脚憂畏淫怒何由而生生死

已上蓮池

了物緣之妄

千般裝點只爲半寸之眼百種音樂只爲一豆之耳沈檀腦麝只爲兩竅之鼻食前方丈只爲三寸之舌妙麗嬌嬈只爲臭腐之身隨順逢迎只爲狂蕩之意若能識破此理便是無煩惱快樂之人佛言衆生無始以來認賊爲子自劫家寶謂惑六根之賊而喪眞性也孟子言惟聖人肰後可以踐形蓋不惑於此矣有婬女得道文殊問云如何不嗔答云見一切衆生

不生又問如何見十八界答云如見劫火燒諸世界妙哉言乎蓋謂一切衆生本來無有唯因妄想中生又何瞋之有十八界謂六根六塵六識因有此種種故生無量事造無量惡是故如劫火燒諸世界若悟此理雖未生淨土已如生淨土矣六根

般若心經云觀自在菩薩照見五蘊皆空度一切苦厄五蘊謂色受想行識也五者蘊積不散以壅蔽眞性故謂之蘊又謂之五陰謂陰暗眞性也色身終歸於壞受用隨時卽過色受豈不空乎且如思想一物旣得之則無想矣想豈不空乎所行之事迴首尚如

夢幻行豈不空乎識盡千種事物再生不復能識識豈不空乎一切苦厄皆從五者生若能照見色身為空則不泥於色身而畏死亡是度過此種苦厄也照見受用為空則不泥於受用而貪奉養又度過此種苦厄也照見思想為空則不泥於思想而意乃無所着又度過此種苦厄也照見所行為空則不泥於所行而可以息跡是又度過此種苦厄也照見辯識為空則不泥於辯識而可以坐忘是又度過此種苦厄也故照見五蘊皆空則度一切苦厄此五者皆不是真實乃真性中所現之妄緣也五蘊皆空

金剛經二十七段大意言眞性皆無所有如虛空肰此虛空謂之頑空頑空者直無所有眞性雖如虛空而其中則有故曰眞空不空頑空則可以作可以壞若此地實掘去一尺土則有一尺空去一丈土則有一丈空是頑空可以作也若此器此室本空以物置之則實矣是頑空可以壞也若眞性之空則不可作不可壞本來含虛空世界烏可作乎無始以來至於今日未嘗變動烏可壞乎眞性中俱無所有無得而比故不得已以頑空比之是般若心經云是諸法空相謂諸法皆空之相乃眞性也既皆無所有肰有一

切衆生者乃眞性中所現之妄緣耳眞性如鏡一切有生者如影是眞性中所現之影也影有去來而鏡常自若衆生有生滅而眞性常自若生滅既除眞性乃現蓋生滅者妄也眞性者眞也故楞嚴經云諸妄消亡不眞何待此性上自諸佛下至蠢動含靈初無有異其異者皆妄也眞性

列子謂孔子廢心而用形謂心已不着於物而廢之矣唯用形以應物子深愛此語故雖勞苦憔悴而不以爲失意榮華奉養而不以爲得意蓋心不着於物也因念菩薩了生死乃託生於一切衆生中以設教

化者以心不著於物唯用形以應之耳慶心用形已上龍舒文

了心念之妄

昔梵志兩手把花向佛作禮佛告之言放下梵志兩手次第放下佛言放下梵志白言俱已放下佛言放下那中間的向未解其旨後觀佛說偈云若人靜坐一須臾勝造河沙七寶塔寶塔畢竟化爲塵一念靜心成正覺乃知正覺工夫全繇靜始靜者一念不生之謂佛心至靜萬劫恆肰衆生剎那能靜卽是剎那之佛一刻能靜卽是一刻之佛但衆生心念憧憧如葛生蔓如繭抽繇並沒住頭直到疲倦睡去方休思

想千端謂之散亂黑甜一覺謂之昏沈二者循環盡彼形壽生死輪迴肇此矣何也生死二字卽生滅義一念起卽是生一念滅卽是死人生總在積生積滅中度此百年妄得不在生生死死中遷流永劫皆緣心頭一點有不能放下者在故也若念所當用者唯有念佛法門蓋念本是妄以妄繫於佛謂之以妄遣妄從念佛而參究是爲以心究心從念佛而悟是爲以心得心雖云起念念實無起念之久久因念得心得心忘念念至忘念與無念同清淨湛一惟有一眞而已此大勢至菩薩以念佛法門入無生忍也夫獲無

生忍則無念矣無念者靜之至也宗鏡錄云前後際斷處一念不生時寂爾少時間無思心正住此心住之時便是本體若佛心則湛然常住矣以暫住之心習令漸上便是工夫蓮池師曰昔仰山住禪院土地神欲參覲久不可得一日師入香積廚見有損壞食器者不覺起念云信施可惜神遂得展禮則師於平日蓋一念不起者矣故曰一念未起鬼神莫知而我輩從朝至暮淨思亂想不知幾千萬億欲超生死證涅槃其可得哉錢孝直先生云我念臨行時有甚麼放他不下處若說世間放不下正恐跳他不出未免

再來還要戀他則甚若說此身放不下正恐掙他不脫未免再受還要痛他則甚若說此心放不下正恐斷他不盡留爲種子還要惜他則甚若說佛法放不下正恐灑他不開執成法縛還要愛他則甚若慮慧根萬一迷失則你所認慧根正是命根正是八識其怕迷失一念正是執我七識分別六識正須擺落淨盡還要護念他則甚至於淸淨本然元明妙覺不容揀擇無可任持直至一切不見一法不存方得全現你向日迷來帶了如許種種的來今日悟去還擬將了那一件去乎其言益爲超卓可稱一絲不挂者矣

故下○纂丁
蓮侶談話

了邪教之妄

慈照宗主欲令大地衆生見本性彌陀達惟心淨土普皆覺悟菩提之妙道乃立普覺妙道四字爲定名譜克復嘗論之等衆生界曰普智達斯理曰覺德用無邊曰妙千聖踐履曰道又普者卽自心周徧十方之體也覺者卽自心智照不迷之用也妙者卽自心利物應機之行也道者卽自心通達中正之理也恆沙諸佛所證者惟此歷代祖師所修者惟此得生淨土者惟此未來學道者惟此如來出世大法總是利

生菩薩修行纖毫不為自己後人以佛之心為心切宜究淨業本源傳宗正印一一理會明白自信此法門亦教人信此法門自行此道亦教人行此道自發願往生亦教人發願往生自見本性彌陀亦教人見本性彌陀各稟正因同歸正道輾轉化度盡未來際斯誠續佛慧命於無窮與世尊寧有二哉顧有正則有邪正能覺世而邪更能惑世正法難行邪風易染楞嚴十種魔民皆因錯解華嚴十類魔業悉昧正歸如近世白蓮無為圓頓涅槃長生受持等教無非竊佛祖經論緒餘創野狐之禪播窮奇之惡誑諸無識

婪財倡亂始猶附佛而揚其波繼之角佛而標其幟嗟嗟末運法弱魔强釋教至是而壞亂極矣約畧言之有謬解南無者有謬解般若何以故者有謬解念佛是誰誰字者有妄分男普女妙者有妄分三字四字六字佛者有妄分在家爲彌陀教出家爲釋迦教者有捏稱釋迦去世彌勒治世者有捏稱燭光見鬼神者有捏稱香烟斷吉凶者有捏稱抜罪抽丁收法眷轉男身者有捏稱天堂挂榜地府除名長生超劫者有以鏡照人自見王侯冠服者有呪水洗眼具現空中佛像龍鳳幡幢者有錯認夫婦爲一合相男女

爲雙修者有錯認不產後嗣爲不生不絕慾心爲不滅者有錯認三車謂性是牛車心是羊車意是鹿車者更有種種奸人動將道門修養法玷昌蓮宗如妄執四大脈絡以當寶網交羅指方寸色心以況彌陀安住肺屬西而名金地舌生津而號華池者如妄立三十六關七十二信扭令怪事謂之六門見性者如僞作十六字經攝氣歸臍盡力奔送直至丹田者如僞作達磨胎息論趙州十二時別歌龐居士轉河車頌密授互持者如妄指口爲諸惡門鼻爲涅槃路教人臨終緊閉其口着力忍氣使從鼻出扭囫字爲案

透出此關名爲出門。步者又四字四閭或云酒色
財氣或云地火水風或云生老病死不知此字呼作
阿字去聲宗門取以獄其忽有所悟突地發此一聲
安得如許曲說也如妄更十號俱彰爲十號歸程有
鵲巢灌頂蘆芽穿膝玉柱飽裩蚍入裩襠波斯獻寶
天鼓不鳴蓮花池乾二祖斷臂立雪齊腰神光不現
等目者如佛光照徹幽明因名超日月光乃妄人指
日月出時教人吸呑其光人腹自然成寶者如法華
贊如來最後方說此經取譬轉輪王賞戰士最後方
出髻中珠乃妄人指運氣入頂教人學佛頂上有肉

髻珠者。如法華經曰。諸漏已盡。言不爲聲色香味觸法所惑。乃妄人指人身七寶可成舍利。將眼眵鼻涕津溺等盡取食之。謂修無漏果者。如兜率悅禪師示衆三關。一見性。二了生死。三知去向。乃妄人指人身丹田作內三關。自足至腰爲外三關者。如永嘉大師往曹溪禮六祖。述證道歌云。自從認得曹溪路。了知生死不相干。乃妄人指人身夾脊雙關作曹溪一派者。又捏稱六祖云。寧度白衣千萬。不度空門半箇僧。今日無爲長生聳動俗家。輒云。未來彌勒佛現在持世。專度居士。不度空門。任善知識輩。必再生有髮方得成佛作祖。余親聞其說。謾應之曰。然則主世之彌勒佛。亦應頂上出髮矣。一座大笑。不聞永嘉云。第一迦葉首傳燈。二十八代西天記。又云。東土達磨為初祖。六代傳衣天下聞。豈有度白衣。不度空門之理乎。如趙州和尚。見僧必問。到與未到。只曰喫茶去。院主問故。和尚呼院主。主應之。亦曰喫茶去。因是有趙州茶案。乃妄人指嗽津三十六次。為喫趙州茶。又教人臨終點辰砂茶服之。為了悟趙州機關。更有以飲小便為喫趙州茶者。一切如鬼如魅。醉夢顛狂。變亂是非。互相擁撕。所謂一盲引眾盲。攜手入坑塹。邪見既深惡報靡極矣。古德云：修淨土者，既定正宗，須破邪說。現生願常遇明師，不值邪見，無惑我心，而生懈怠。甚矣邪正分途，非細故也。十方佛子，幸毋為魔軍所陷，趨棘叢而墜地獄。慎之勗之。

附破寄庫無益

遍覽藏經，並無陰府寄庫之說。奉勸世人，以寄庫之費，請名衲誦經念佛，決意西方，必得往生。若不為此，而從事寄庫，無論奢願無益，只汝志在陰府，死必入陰府矣。若云今生所積，來生受用，是則生前善惡果報無憑，惟此不義所積之財，可以主持幽明，轉移造

化、恐無此昧昧之天道也譬如人不務去惡行善乃寄錢於禁子牢頭待已下獄則用錢免罪豈不謬哉

附誦經三戒

凡誦經切忌心生雜想及隨衆混念犯此則經文必有糢糊斷續之病非惟無益而有罪可不戒與如一人獨誦須凝神不亂方得逐字分明如與衆同誦務各人一卷庶免換氣遺漏古德恆以此言儆世奈習不能破也若便穢淨法必以肥皂擦洗又戒規云洗滌不持呪總掬四大海水亦不能淨淨滌呪云唵賀曩蜜栗帝莎訶淨手呪云唵主迦囉野莎訶凡三遍

誦經人尤不可不慎

淨土持驗

有其理而無其事者不可爲訓也有其事而無其驗者不可爲訓也有其驗而或肰或否者不可爲訓也今此法門有心淨土淨之理而因有安養往生之事而因有金臺寶池之驗而因有古今賢聖往生無數之種種驗如來垂訓非誑矣紀徵驗者自震旦國中窮鄉僻院往往有獨行孤芳之輩臨終顯赫而載籍不及名遂湮沒而失傳者況自震旦而遍娑婆遍十方即盡大地作墨盡竹葦作筆書

猶不能盡姑取往冊中最灼著者依類錄之其間諸大導師、固堪鼓鐘當代遺照無窮、下至匹夫匹婦一念斷疑、便具大丈夫作略、亦未俗之模楷也往生集序云、緇素之流觀是書而歷歷指曰某也以如是解脫而生某也以如是純一而生某也以如是精誠之極、感格而生某也以如是大悲大願而生某也以如是改過不吝、轉業於將墮也而生某如是上生某如是中生下生庶幾考古證今爲淨業者左劵至於古效多而今效寡其咎安在則又所云口淨土心娑婆而堅勇明悟不及前輩焉爾淸泰芙蓉有榮有悴已實爲之於淨土奚咎世有盼故鄉而遄歸者問途旣往此其前車也述持驗第十

比丘往生

東晉慧遠祖師俗賈氏雁門人學通儒老年二十餘聞道安法師講般若經豁然開悟曰儒道九流皆糠粃耳因剃染事之常以大法爲己任安嘆曰使道流中國其在遠乎後入廬山卓杖得泉欲建蘭若尚乏良材感山神現夢一夕大雷雨天明則木積如林矣

刺史桓伊驚其神異奏立東林殿曰神運師嘗謂諸
教三昧其名甚衆功高易進念佛爲先遂與慧永慧
持劉遺民等結社念佛世號十八賢又率衆至百二
十三人同修淨業製蓮華漏六時禮誦不輟跡不入
俗者三十年每送客以虎溪爲界時陶淵明陸修淨
至師送之與道契合不覺過溪世傳三笑圖焉安帝
隆安元年桓玄勸帝沙汰僧尼謂廬山爲道德所居
不在此例師以書辨論得並免帝自江陵旋京輔國
何無忌勸師候迎稱疾不起帝遣使問師表以聞帝
優詔答之西土諸僧咸稱漢有大乘開士每東向致

禮羅什通書稱師為東方護法菩薩師三觀聖相默而不言義熙十二年七月晦夕方從定起見阿彌陀佛身滿虛空圓光之中無量化佛觀音勢至左右侍立佛言我以本願力故來安慰汝汝後七日當生我國又見佛䭾耶舍慧持慧永劉遺民在佛側前揖師曰師志在先何來之晚師知時至謂門人曰吾始居此三覩聖相今復再見當生淨土必矣至期端坐入寂年八十三時八月六日也潯陽太守奉旨樹塔葬焉謝靈運作銘張野作序歷代尊謚所著有廬山集十卷粤稽淨土雖傳於震旦至佛圖澄而著由澄而

得道安。安之門有遠公。負荷至教。廣大聖道。名重帝王。法流天下。百世下推師爲淨業始祖。厥功顧不偉歟。

晉慧永、河內人、十二出家。既而與遠公同依安法師。太元初、駐錫廬山、刺史陶範捨宅爲西林以居之。絕志塵囂、標心安養。後義熙十年示疾。忽斂衣求屣欲起。衆驚問。答曰、佛來迎我。言訖而化。異香七日方滅。唐玄宗追謚覺寂大師。

晉曇順、黃龍人、幼從羅什法師講釋羣經。什歎曰、此子奇器也。後同廬山、修淨業。時寧蠻校尉劉遵孝刱

寺江陵延順經始篤修念佛三昧宋元嘉二年別衆坐逝異香滿室焉

晉慧叡冀州人遊學諸方遠歷天竺還關中從羅什法師稟受經義後預廬山蓮社宋元嘉十六年忽告衆曰吾將行矣面西合掌而化衆見叡榻前一金蓮花倏爾而隱五色香煙從其房出

晉曇恒河東人童孺依遠公出家內外典籍無不通貫自入廬山專志念佛義熙十四年端坐合掌厲聲念佛而化

晉道昞潁川人幼師遠公通經律言與行合念佛三

昧、究心無間。義熙十四年、豫章太守王虔、入山謁敬。請紹遠師之席。衆咸宗仰。元嘉十二年、集衆念佛、就座而化。

晉道敬、瑯琊人、祖凝之、刺江州。因從遠公出家。年十七、博通經論。日記萬言。篤志念佛、晝夜弗替。宋永初元年、謂衆曰、先師見命、吾其行矣。端坐唱佛而化。衆見光明滿室、彌時方滅。

晉慧恭、豫章酆城人、與慧蘭、僧光等同學。蘭光繫念淨土、臨終皆有奇應。又五年、恭病篤、雨淚叩頭誓心安養、念不少間。見阿彌陀佛、以金臺前迎。恭乘其上又見蘭等於臺上光明中告曰長老受生已居上品吾等不勝喜慰恭欣然奮迅而逝。

晉慧虔少出家戒行精確義熙年中、投山陰嘉祥寺、苦身率衆後寢疾屬想安養誠祈大士北寺有淨嚴尼者宿德篤行夜夢觀音從西郭門入淸輝妙狀光暎日月幢幡華蓋七寶莊嚴尼驚異作禮問大士何往答云往嘉祥迎虔公耳虔神色如常侍者皆聞異香泊然而化。

宋曇鑒、平生片善迴向西方誓願見佛一日定中見阿彌陀佛水洒其面曰滌汝塵垢浴汝心念及汝身

口皆悉嚴淨又於瓶中出蓮花一枝授之定起乃與寺僧敘別夜漸深獨步廊下念佛至五鼓其聲彌厲及明弟子依常問訊趺坐不動逝矣

齊慧光居洛陽著華嚴涅槃十地等疏妙盡權實之旨一日有疾見天衆來迎光曰我所願歸安養耳已而淨土化佛充滿虛空光曰惟願我佛攝受遂我本願即彈指謦欬言氣俱盡

梁道珍住廬山修淨業夢有人乘船海中問之云往彌陀佛國珍乞隨行報云汝未誦阿彌陀經豈得同往覺後念佛誦經歷年不輟將終四七日前夜忽如

晝空中降白銀臺因默記其事書經函中命盡之夕半山以上如烈火千炬交相輝映邑人遙見謂是諸王禮覲及旦乃聞珍卒後檢經函知珍瑞應宜生淨土久矣

後魏曇鸞鴈門人少遊五臺感靈異出家而性嗜長生受陶隱君仙經十卷後遇菩提流支乃問曰佛有長生不死術乎支笑曰長生不死吾佛道也乃授十六觀經曰學此則三界無復生六道無復往其爲壽也河沙劫石莫能比焉此吾金仙氏之長生也鸞大喜遂焚仙經而修淨業寒暑疾痛曾無少懈魏主號

爲神鸞。一夕室中見梵僧謂曰。吾龍樹也。久居淨土。以汝同志。故來相見。鸞自知時至。集衆敎誡曰。勞生役役。其止無日。地獄諸苦。不可以不懼。九品淨業。不可以不修。因令弟子高聲念佛。西向稽顙而終。衆聞天樂自西而來。良久乃已。

隋智者大師。諱智顗。姓陳氏。潁川人。母夢香烟五采縈迴入懷。誕靈之夕。神光照屋。七歲入果願寺。聞僧誦普門品。一遍輒記。宛如夙習。十八出家。聞思大禪師止大蘇山。卽往頂拜。思曰。昔日靈山同聽法華。宿緣所追。今復來矣。因示以普賢道場。爲說四安樂行。

師入觀三七日身心豁然宿通潛發以所證白師南嶽歎曰非汝莫證非我莫識此法華三昧初旋陀羅尼也太建元年至金陵闡化陳宣帝創禪室居之隋煬帝延師授戒賜號智者嘗披一破衲說法天台二十餘年疏觀經著十疑論法華玄義等書勸人進修淨業前哲所不能及開皇十二年於玉泉山創立精舍關聖父子顯靈求為護法十七年冬將入滅命侍者唱無量壽佛及觀經題目乃顧大衆合掌贊曰四十八願莊嚴淨土華池寶樹易往無人火車相現能改悔者尚得往生況戒慧熏修行道力故實不唐捐

矣。唱經竟。復說十如。四不生。十法界。四無量。四諦。十二因緣。六波羅蜜。一一法門。言訖。唱三寶名。如入三昧。後有僧求知生處。乃夢觀音金容數丈。智者從後告僧曰。汝決疑否。再驗智者生西方矣。

隋道喻、居開覺寺、念阿彌陀佛。日夜不廢。造像僅三寸。後於定中見佛。謂曰。汝造我像何小。喻曰。心大卽大。心小卽小。言訖見像身徧滿虛空。告曰。汝當澡浴清淨。明星出時。我來迎汝。至時果見佛來、光明滿室。遂坐而化。

唐善導、貞觀中見西河綽禪師九品道場。喜曰。是眞入佛之津要修餘行業散漫難成惟此尚切速超生死於是勤篤精苦晝夜禮誦激發四衆每入室胡跪念佛非力竭不休出則爲人演說淨土三十餘年不暫睡眠日用衣食粗惡自奉凡有嚫施用寫彌陀經十萬卷淨土變相三百壁修營廢墜然燈續明三衣缾鉢不使人持行不共衆恐談世事從其化者甚衆有誦彌陀經十萬至五十萬遍者有念佛日課萬聲至十萬聲者得念佛三昧往生淨土者莫能紀述或問念佛生淨土耶師曰如汝所念遂汝所願乃自念一聲有一光明從其口出十至於百光亦如之其勸

世偈曰。漸漸雞皮鶴髮。看看行步龍鍾。假饒金玉滿堂。豈免衰殘病苦。任汝千般快樂。無常終是到來。惟有徑路修行。但念阿彌陀佛。忽謂人曰。此身可厭。吾將西歸。乃登柳樹。向西祝曰。願佛接我。菩薩助我。令我不失正念。往生淨土。言已。投身而逝。高宗皇帝知其事。賜寺額曰光明。世傳彌陀化身云。

唐法照、大歷二年、止衡州雲峰寺、慈忍戒定。爲時所宗。嘗於鉢內。覩五色雲。有梵刹曰大聖竹林寺。後詣五臺。見異光。果得竹林寺。入講堂。則文殊在西。普賢在東。萬衆圍繞而爲說法。照作禮問曰。末代凡夫。求審修何法門文殊告曰諸修行門無如念佛我以念佛得一切種智又問當云何念曰此世界西有阿彌陀佛彼佛願力不可思議汝當勤念毋令間斷決定往生後臘月朔在華嚴院淨業道場方憶二大士記我往生乃一心念佛忽見梵僧佛陀波利謂曰汝華臺已就後三年華開矣至期謂衆曰吾行矣端坐而逝師嘗於湖東寺開五會念佛感祥雲寶閣覩阿彌陀佛及二菩薩身滿虛空又於并州五會念佛代宗皇帝宮中聞念佛聲遣使追尋乃見師勸化之盛遂詔入京教宮人念佛亦及五會號五會法師

唐少康、縉雲仙都人、十五通法華楞嚴、貞元中、因詣洛陽白馬寺、見殿中文字放光、探之、則善導和尚西方化導文也、師祝曰、若於淨土有緣、當更放光、言已光明閃爍、師曰、劫石可磨、我願無易矣、遂至長安光明寺善導和尚影堂瞻禮、忽見善導現空中、謂曰、汝依吾教、廣化有情、他日功成、必生安養、乃適新定、乞錢誘小兒念佛、念佛十聲、與錢一文、年餘、無少長貴賤、見師者、皆稱阿彌陀佛、念佛之聲、盈滿道路、又於烏龍山建淨土道場、每升座高聲唱佛、衆見一佛從其口出、十聲則有十佛、師曰、汝見佛者、必得往生、時衆數千有不見者悲傷自責因倍精進後二十一年十月三日囑道俗曰當於淨土起欣樂心於閻浮提起厭離心汝曹此時見我光明眞我弟子遂放異光數道而逝塔於臺子岩號臺岩法師或疑佛從口出似涉怪異噫世尊逢醉象時手五指端出金光獅子其言曰我何有心於禦象哉以我無量劫來修慈忍力自然而有獅子現焉我亦不知也今康公現佛亦無量劫來皈敬之所致耳何怪之有

唐懷玉台州人布衣一食常坐不臥誦彌陀經三十萬遍日課佛號五萬聲天寶元年見佛菩薩滿虛空

中一人持銀臺來迎玉曰吾一生念佛誓取金臺聖衆遂隱玉彌加精進三七日後復擎金臺來云師以精進得升上品宜趺坐以俟三日後異光滿室謂弟子曰吾生淨土矣含笑而逝郡太守段公作偈贊曰我師一念登初地佛國笙歌兩度來惟有門前古槐樹枝低只為望金臺

唐道綽并州汶水人十四出家習經論晚事瓚禪師學禪又篤志神鸞淨土之業有僧定中見綽數珠如七寶大山平居為衆講無量壽觀經將二百遍人各掐珠口稱佛號或時散席響彌林谷六時禮敬初不

廢鈌念佛日以七萬爲限貞觀二年四月八日歸寂
聞而赴者滿於山寺見化佛在空天花下散焉
唐惟岸并州人約淨土爲眞歸之地行方等懺服勤
無鈌微疾見觀音勢至二菩薩現於空中岸召畫工
無能畫者忽有二人自言能畫畫畢不見岸乃告諸
弟子曰吾今往生誰偕行者有童子願往岸令辭父
母父母謂爲戲言未信也頃之沐浴更衣入道場念
佛而化岸撫其背曰小子何得先吾行耶因索筆讚
二菩薩有願以慈悲手提獎共西行之句讚畢長逝
唐僧衒并州人初念慈氏期上生內院年九十遇道

綽禪師得聞淨土始廻心念佛日禮千拜一心無怠後有疾告弟子曰阿彌陀佛授我香衣觀音勢至示我寶手吾其行矣言訖而逝七日異香不散時有啟芳圓果二法師目擊斯事乃於悟眞寺共折楊枝於觀音手中誓曰若於淨土有緣當七日不萎至期益茂芳果慶忭晝夜觀念不捨忽覺臨七寶池八大寶帳見佛及二大士坐寶華臺光明輝映芳果作禮佛云念我名者皆生我國又聞釋迦世尊與文殊菩薩以梵音聲稱讚淨土復見三道寶階其一白衣其二道俗相半其三唯僧也云皆至心念佛者得生此土

耳後五日忽聞鐘聲曰鐘聲我輩事也同時化去

唐懷感居長安千福寺入念佛道場三七日不覩靈瑞自恨障深欲絕食畢命善導大師不許勸令精虔三載感如所教後見佛金色玉毫得念佛三昧製決疑論七卷臨終合掌云佛來迎我遂卒

唐辯才襄陽人潛修淨土二十年未嘗自稱獨與護戎任公善謂之曰才必生淨土期在十年一日令弟子報任公曰向所期已及任公至才曰吾去矣趺坐而化衆聞仙樂西來異香散漫

唐大行居泰山修普賢懺法三年感大士現身晚歲

入大藏陳願隨手取卷得彌陀經晝夜誦詠至三七日覩琉璃地上佛及二大士現身僖宗皇帝聞其事詔入內賜號常精進菩薩後一年琉璃地復現即日而終異香經旬肉身不壞

唐明瞻晚歲尅志安養或譏其遲暮瞻曰十念功成猶得見佛吾何慮乎後因疾於興教寺具齋別道俗時僕射房玄齡杜如晦皆與焉日過午整威儀念佛遽曰佛來矣二大士亦至竦身合掌而化

吳越智覺禪師諱延壽丹陽王氏遷餘杭總角時誦法華經七行俱下二十八歲爲華亭鎮將以官錢放

生坐罪當死臨刑顏色不變文穆王異而釋之令出家依四明翠巖禪師薙染受具朝供衆夜習禪因覽智度論念世人惡濁無能解脫惟持名可以誘化乃印彌陀塔四十萬本勸化念佛叅天台韶國師發明心要行法華懺定中見觀音大士灌以甘露慧性日明因思宿願未決登智者巖作二鬮一禪定一淨土虔禱至心七拈皆得淨土乃專修淨業後住永明日課一百八事夕往別峯行道念佛旁人時聞螺貝天樂之音忠懿王嘆曰自古求西方未有如是專切者乃立西方香嚴殿以成其志賜號智覺弟子一千七

百人。度戒約萬餘。常與衆授菩薩戒。施鬼神食。放諸生命。悉回向莊嚴淨土。時號慈氏下生。著宗鏡錄。萬善同歸集。惟心安養等書。累百卷。開寶八年、二月、年九十八。晨起告衆。焚香跏趺而寂。後有僧自臨川來。經年遶拜其塔。人問故。曰我病入冥。見王于殿左。勤禮僧像。云是永明壽禪師。凡人死皆經冥府。師獨徑生西方上品。王故欽奉其德也。

石晉志通、鳳翔人、因見智者大師淨土儀式。不勝欣忭。自是不向西唾。不背西坐。專心念佛。後見白鶴孔雀。成行西下。又見蓮花開合於前。通云白鶴孔雀。淨土境也蓮花光相受生處也淨土現矣乃起禮佛而終茶毘五色祥雲環覆火上舍利鱗砌於身大匣必西避坐必西向繫念如斯何事不辦或曰不已着乎噫諦觀落日經有明文智者大師始生而面西趺坐乃至淨業諸賢西向坐脫者不着而能之乎耽心濁境終世安肰纔念淨邦使憂其着嗟乎異哉

宋晤恩姑蘇常熟人年十三聞誦彌陀經遂求出家終日一食不離衣鉢不畜財寶臥必右脅坐必跏趺每布薩涕泗不止徧誨人以西方淨業及一乘圓旨有疑不逗機者答曰與作毒鼓之緣耳雍熙二年八

月朔日夜覩白光自井而出。謂門人曰。吾將逝矣。絕粒禁言。一心念佛。夢一沙門執金爐焚香三遶其室。自言灌頂來此相迎。夢覺。呼門人至。猶聞異香。二十五日。說止觀指歸及觀心義畢。端坐而化。人聞管絃鈴鐸之音。嘹亮空中。漸久漸遠。自西而去。

宋省常。錢塘人。七歲出家。淳化中。住南昭慶。慕廬山之風。乃刺血書華嚴經淨行品。易蓮社以淨行社。士大夫預會者。稱淨行弟子。王文正公旦為之首。一時公卿伯牧百二十八。比丘千人焉。翰林蘇易簡作淨行品序。至謂予當布髮以承其足。刎身以請其法。猶尚不辭況陋文淺學而有惜哉翰林承旨宋白撰碑狀元孫何題同社于碑陰孤山圓法師著師行業記天禧四年正月十二日端坐念佛有頃厲聲唱云佛來也泊然而化蓮社始遠公次善導既而南嶽五會承明臺岩終於法師號稱七祖勸化之盛猗與盛矣

宋遵式台州人葉姓其母禱于古觀音生之二十歲受具學律於守初繼入國清誓傳台教然指于普賢像前力行般舟三昧篤志安養苦學嘔血以死自誓忽如夢中見觀音垂手指其口引出數蟲又指端出甘露服之覺身心清涼宿疾遂愈淳化初衆請居寶

雲講說無間。度弟子百餘。皈依千數。惟宗淨土。勸人著淨土決疑行願。大小本彌陀懺法。晨朝十念法。往生禪觀法行世。天聖間。將化之日。炷香禮佛。願諸聖證明往生極樂。至晚坐脫。年六十九。衆見大星殞于靈鷲峰。時號慈雲懺主。蓮大師曰。克勤懺法。自行而垂則。萬世。誡今古一人。與至燃指燃臂。乃得忍大士所爲。非初心境界。甚則生身活焚。附魅著邪。貽害不小。求西方者。當學慈雲篤志苦修。不必效顰燃指以炫衆也。

宋宗田。潞州人。申氏子。年十六。師道恭。淨髮五十年名僧講林晚於唐州青臺鎮專求淨土三業四儀曾無暫忘政和四年四月二十七日夢阿彌陀佛謂曰汝說法止六月當生淨土覺而白衆至五月四日集衆告曰因緣聚散固當有時淨土勝緣惟憑時刻願衆念佛助我往生言已坐脫滿空雷鳴白雲覆地三日方歇所持瑪瑙數珠盤於指上衆取之竟不能下

宋子元號萬事休茅姓母柴氏夢佛入門次早生之因名佛來父母早亡年十九投延祥寺志通出家習止觀一日定中聞鴉聲悟道頌曰二十餘年紙上尋尋來尋去轉沉吟忽肰聽得慈鴉呌始信從前錯用

心。於是利他心切。普勸念佛。代爲法界衆生。禮佛。懺悔、祈生安養。剏白蓮懺堂。述四土三觀。選佛圖。開示蓮宗眼目。立普覺妙道四字。以定名派。高宗皇帝召見。賜號慈照。後於鐸城。三月二十三日。告衆曰。吾化緣、已畢。時當行矣。言訖。合掌示寂。荼毘。舍利無數。敕賜最勝之塔。

宋法持、居化度寺。修彌陀懺。願促閻浮之壽。早生安養。後小疾。雨淚悲號。祈垂接引。厲聲念佛不絕。忽見佛身丈六。立於池上。卽自言曰。我已得中品生。西向而化。

宋基法師、學於寶雲、任太平興國寺、精意念佛、一日示疾、爲弟子廣談玄旨、衆忽見西方現光、空中奏樂、師曰、阿彌陀佛與二大士俱至、即右脇西向而化、門人夢阿彌陀佛、授記爲超世如來、或夢師坐青蓮花臺者、法智禪師嘆曰、臥病談玄、臨終見佛、是可敬也、

宋若愚、居雲川仙潭、建無量壽閣、勸道俗念佛、精勤三十年、與道潛則章二師爲友、潛能詩近名、愚與章、惟務實行、將順世、夢神人告曰、汝同學則章、得普賢行願三昧、已生淨土、彼正待汝、愚乃沐浴更衣、命衆諷觀經、端坐默然、忽云、淨土現前、吾當行矣、書偈而

化偈曰、本自無家可得歸。雲邊有路許誰知。溪光搖落西山月。正是仙潭夢斷時。又曰空裏千花羅網夢中七寶蓮池。踏得西方路穩。更無一點狐疑。

宋宗賾、號慈覺、襄陽人、禮長蘆寺秀禪師出家、願力弘深。洞悟禪理。元佑中、迎養老母于方丈東室。勸以策勵。念佛七年不間。母臨終果無疾善逝。師勤修化物。遵廬阜之規。建蓮華勝會。其法日念阿彌陀佛。或百聲。千聲萬聲。各于日下以十字記之。一夕夢一少年烏巾白衣。風貌清美。告師欲入彌陀會。乞書一名。賾秉筆問名。曰普慧。又曰、家兄普賢亦求附錄。遂隱師覺謂諸耆宿曰華嚴離世間品有普賢普慧二菩薩助揚佛法今同大衆結會念佛期生淨土感賴聖賢幽贊錄中乃以二大士為首遠近向化譔坐禪箴葦江集又有勸孝文一百二十則大意以勸親修淨業為出世間孝靈芝照公稱為近代大乘導師信哉臨寂念佛坐化

宋知禮號法智居南湖述妙宗鈔大彰觀心觀佛之旨每歲二月望日建念佛施戒會動逾萬人又撰融心解明一心三觀顯四淨土之義後於歲旦建光明懺至五日召大衆說法驟稱佛號數百聲奄然坐逝

趙清獻公忭銘其塔。

宋有嚴、住台州赤城崇善寺、依神照學天台教、晚年結茆櫨木之下。號曰櫨菴。平生篤修淨業。有懷安養故鄉詩。爲時所傳。建中靖國元年、夏四月將終。見寶池大蓮花。天樂四列。乃作餞歸淨土詩示衆。後七日跏趺而化。塔上有光如月。三夕方隱。前法祥、鏡光現於壁端。今嚴公月光現於塔上。皆身心瑩徹之明驗也。乃至光明滿室者。金光彌亘江上數百里者。嗚呼、是可以僞爲乎哉。

宋智廉、居上虞化度寺。初徧參宗門。晚節一意西方慶元改元秋八月別衆曰我夢中見阿彌陀佛大衆圍繞說法佛云諸善人等當須專心淨業來生我國我見勝相往生必矣乃書偈曰雁過長空影沉寒水無滅無生蓮花國裏書畢回身向西結印而逝

宋懷義溫州樂清人父業漁懷穉時坐船尾隨父得魚私投水中父怒受撻無悔遂辭親出家景德寺天聖中試經得度稟法于翠峯顯禪師凡五住道場惟化衆念佛有勸修淨土說示寂之夕其徒智才問壘塔已畢如何是畢竟事師豎拳示之推枕而逝

宋宗本常州人貌豐古性質直蚤參懷禪師念佛有

省深入三昧初住蘇之瑞光寺杭守陳公襄以淨慈懇請借師三年植福此邦未幾神宗闢相國寺六十四院詔本住慧林召對延和殿既退上目送之顧左右曰眞福慧僧也平居密修淨業老居靈嵒閉戶加勤雷峯才法師神遊淨土見一花殊麗問之云待淨慈本禪師又資福曦律公定中見金蓮花人言大宋國僧宗本之座特至謁師禮足施金而去元符二年十二月甲子沐浴告衆入座若睡撼之去矣門人塔全身于靈嵒謚圓照禪師

宋元照住靈芝弘律學篤意淨業念佛不輟一日令

弟子諷觀經及普賢行願品趺坐而化西湖漁人皆
聞空中樂聲

宋慧亭住武林延壽寺初依靈芝習律專修淨業六
十年每對人必以念佛爲勸建寶閣立三聖像最稱
殊特有江自任者忽夢寶座從空而下云亭律師當
升此坐適社友孫居士預啓別亭師在家作印而化
師往炷香歸而謂其徒曰孫君已去吾亦行矣乃集
衆念佛爲說偈曰彌陀口口稱自毫念念想持此不
退心決定生安養端坐而化號清照律師

宋智圓居西湖孤山廣解諸經刻心淨土造彌陀疏

及西資鈔勸發往生臨終坐化以陶器合瘞後十五年積雨山頹啓視陶器形質儼然爪髮俱長

宋可久居明州常誦法華願生淨土時號久法華元祐八年年八十一坐化越三日還謂人曰吾見淨土境與經符契蓮花臺上皆標合生者名一金臺標成都府廣教院勳公一標明州孫十二郎一標可久一銀臺標明州徐道姑言訖復化去五年徐道姑亡異香滿室十二年孫十二郎亡天樂迎空皆如久所云

宋中峯和尚諱明本錢塘人得法于天目高峯慧辯無礙著修淨業有懷淨土詩百篇道德斗山龍象交

叅朝廷屢遣使賜金帛敕號普應國師春秋六十二示寂之日光明爍發塔天目山中

宋瑩珂、受業霅川瑤山、酒炙無擇忽自念梵行虧缺恐從流轉取戒珠禪師往生傳讀之讀一傳一首肯既而室中面西設禪椅絕食念佛越三日夢佛告曰汝尚壽十年且當自勉珂白佛言設有百年、閻浮濁惡易失正命所願早生安養奉事衆聖佛言汝志如是後三日當迎汝至期命衆誦彌陀經乃曰佛及大衆俱至寂然而化

元善住、字雲屋、蘇人、性稟高潔不近聲利掩關六時

念佛。誦持大乘。禮拜懺悔。久病不易。吳中修淨土者。和尚爲最。緇白多取則焉。終時異香滿室。有安養傳。谷響集行世。

元天如惟則。廬陵人。得法中峯。妙悟出人。建師子林菩提正宗寺於蘇城。有臥雪立雪二室。山坐其中。念佛。叅學之流。接武師門。提直指之外。復著淨土或問。勸人。終時靈瑞不一。年六十九。塔水西之原。

元普度。丹陽人。弱冠出家。初叅寶山慧禪師。深器之。居廬山東林寺。篤修念佛三昧。著蓮宗寶鑑十卷。闡化京師法王寺。灌頂國師進呈其書。降旨褒美。梓行天下。有開導人天。續佛慧命。復振東林之語。臨終。別衆念佛而逝。世稱優曇宗主。

明梵琦、蜀人、篤信西方。因抵燕京。聞樓鼓聲。大徹。洪武初、三詔說法京都。皇情大悅。後築室號西齋。一意淨業。嘗見大蓮花充滿世界。彌陀在中。衆聖圍遶。將示寂。書偈示衆曰。吾行矣。人問何生。答曰西方。又問西方有佛。東方無佛耶。乃厲聲一喝。泊然而化。

明祖香、江西新喻人。於山東龍潭寺、精修淨業。有居士王傑者。築菴延之。未幾。語傑云。某日當歸家。衆苦留。香云、歸安養家耳。及期。敷座西向。坐逝。舉龕入山化火自焚。

明蓮池大師諱袾宏。杭沈氏、弱冠棲心佛乘。嘉靖丙寅、依無門性天薙染。尋受具戒。單瓢隻履遍歷知識。時辨融笑巖兩禪宗最著。就叅多所契合。北遊五臺。感文殊放光。隆慶辛未、見雲棲山水幽寂。遂結茆終焉。環山多虎災。師為諷經施食。虎患以寧。歲旱循田念佛。隨足所至。時雨霑澍。自此化道大盛。師獨闡淨土。一門。融會三藏。指歸惟心。四方緇白頂禮問道者相踵。名公巨卿如陸光祖、張元忭、馮夢禎、陶望齡、虞淳熙、宋應昌輩。靡不心折皈依。師天性篤孝。每懷木主出遊食則具供叢林濟孤必薦沈氏先宗慈悲幽冥自習餘口恒親設放屢有見師座上現如來相者觀力然也拯救物命誡戒殺放生文城內外及山中俱置放生池萬歷中慈聖太后遣中貴詢法賜紫衣黃金使者出金歸常住衣奉高閣未嘗掛體師肩荷正法修四安樂行以念佛三昧普攝三根著彌陀疏鈔雲棲法彙二十餘種行世臨終半月前入城別故舊弟子宋守一等曰吾將他往還山與衆話別亦如之衆以師欲謝客輒居長壽菴莫測其故至期面西念佛端逝大衆哀請留囑閉目復開云老實念佛莫

換題目時萬歷四十三年七月四日世壽八旬有一僧臘五十蓮宗之祖匡山遠永明而七海內論定協一以師爲八祖云

明湖廣黃州有無名僧專念阿彌陀佛晝夜不撤隨其所見皆稱阿彌陀佛崇禎癸未黃總戎鼎守郡城師大聲念佛衝其道執之適張獻忠攻黃州師亦留城上夜間念佛且頻呼醒睡軍士恨之縛投城下未幾復在城上念佛如是四次每東城下則西城上南城下則北城上中軍白于總戎始敬禮焉時黃州大饑人相食師出城外饑民持刀化師捨身師解衣示

衆云候我念佛千聲即食我念至三百聲衆急欲加刃忽有兵馬從空中來饑民驚散而師已在城中矣山中獵人得一大虎師募之放生獵人索三十金師止得四金獵人云汝能執虎耳三匝而不傷汝則與汝虎師遂授記虎執虎耳三匝縱之逸虎皈依師不去師與虎同住黄麻山金剛洞中內相盧九德督兵過黄州詣山訪之欲見虎師語虎止探頭于外盧欲見全身虎乃大叫躍出盧亦皈依焉師一日行街中見一雞高聲念佛雞亦隨聲而念庚寅師欲之武林道經白門寓秦淮河房端午見遊船有巨公錢某曾

皈依師。呼云、錢阿彌陀佛亦在舟中耶。登岸見師。師閒同遊人。知為某某。放聲大哭曰、眾生以苦為樂、如是。錢懇示修行之要。師云、一心念阿彌陀佛。復云我行後。汝有所疑。可問覺浪。此明眼人也。或問唐宜之曰、師為何許人、答曰。法界是阿彌陀佛身。師專提此覺世。當是佛菩薩應身示現。其神通妙用、特見性之餘事耳。特拈覺公使人嚮往。則覺公之修證。亦可知矣。

明晉陵天寧釋海寶。初值禪堂蔬腐。每晨起輒留腐菜數擔。列寺門。遇行人募錢置其上。完則令賣者收去。始攜入供僧過不樂施者。務里許跟隨化之。不輕易入。余將年二十。會執此君軒見其迂拙向。語絕不答。片言惟相視嘻笑而已。破衲虱盈于上。暇則席地念佛。恒拈虱易上下。總不離其身也。踰年募蔬腐外更乞分釐積至數金。便懇衆誦經禮懺。已則念佛回向。歷年如是。崇禎間。祠林鄭胙長約師朝南海。已而却之。發棹後每見師在隆前行。追之不及。迨登山入殿。又見師在上炷香。遣使伺同回。復不得。鄭抵郡。即詣寺候師。弟子云師沉臥已月餘。茶水俱不啜。昨方索飲起耳。鄭因述其神異。郡人由此欽信師。一日。廖

君可來別師。師囑曰。某月日可相晤以了世緣。屢如
期至師煑茗酌云。頻居士爲老衲作一小影。君可寫
就。不特形神逈肖。即敝衣蟣虱。亦覺歷歷浮動。殆化
工筆也。越旬日。趺坐念佛而化。戊子秋余遠行甫歸。
禮師像。悽然有感。己亥小春。往生書竣。述師大畧如
此。

宰官往生

晉劉程之、字仲思、彭城人、漢楚元王後、少孤、事母以孝聞。負才不侶流俗。初解褐為府參軍。即隱廬山。謝安、劉裕交薦、不就。旌號遺民。入遠公蓮社。與雷次宗、周續之、宗炳、張詮等。共修淨土。鐫石為誓。又著念佛三昧詩。以表切志。坐禪注想。半載。即於定中見佛光照地、皆作金色。居十五年。正念佛時。又見阿彌陀佛。玉毫光照。慰接摩頂。一日念佛。又見入七寶池。蓮華青白。其水湛然。一人項有圓光。胸有卍字。指池水曰。八功德水。汝可飲之。程之飲水。甘美非常。及寤。猶覺異香發毛孔。乃告衆曰、吾淨土之緣。至矣。對像焚香祝曰。我以釋迦遺教。故知有彌陀慈父。此香先當供養釋迦牟尼如來。次供阿彌陀佛。願一切有情俱生淨土。言訖面西合手而逝。時義熙六年也。異香郁肰七日而息。遠公爲撰紀德碑。蓮大師曰、觀經敘淨業正因。以孝親爲第一。今遺民少盡孝養。而復深入念佛三昧。屢感瑞徵。其往生上品宜矣。足爲居士修淨業者。萬代師法也

晉張野居潯陽。兼通華梵。尤善屬文。舉茂才。屢徵散騎常侍。俱不就。入廬山蓮社。修淨業。義熙十四年。與

家人別。入室端坐而逝。

宋王仲回、官光州司士參軍、常叩天衣懷禪師。有省。念佛楊次公守丹陽。屢就教云、經中教人求生淨土。而祖師云、心是淨土、不必更求。如何。楊公答曰、試自忖量、若在佛境則無淨無穢、何用求生。若未出衆生境、安可不至心念佛、舍穢土而求生淨土乎。司士感悟、欣躍而去。後二年。楊公在丹陽、忽夢司士云、向蒙指示、今已得生、特來致謝。數日訃至、言司士七日前預知時至、與宗黨言別而化。正感夢時也。應入宋楊傑後

唐馬子雲、舉孝廉、爲涇邑尉、押租赴京、遭風舟溺、被

繫乃專心念佛。五年遇赦。入南陵山寺隱居。一日謂人曰。吾一生精勤念佛。今西方業成。行且往生安養。明日沐浴新衣。端坐合掌。異香滿戶。喜曰。佛來迎我。言已而逝。

唐白居易、字樂天、官太子少傅、暮年盡遣妾侍捨宅爲香山寺。號香山居士。出俸錢三萬。繪西方極樂世界圖。發願頂禮。日日向之念佛。以偈贊曰。極樂世界清淨土。無諸惡道及衆苦。願如我身老病者。同生無量壽佛所。又偈曰、余年七十一。不復事吟哦。看經費眼力。作福畏奔波。何以度心眼。一聲阿彌陀。行也阿彌陀坐也。阿彌陀。縱饒忙。似箭。不廢阿彌陀。有異人傳蓬萊有樂天名。公辭以偈云。海山不是吾歸處。歸卽須歸兜率天。今復捨兜率而求生淨土。豈所謂愈擇而愈精者耶。臨終安然坐逝。往生有明驗矣。

宋張迪、錢塘人、官助教、從圓淨律師受菩薩戒。谷問淨業法門。篤。志修。持。誓。生安。養。每念佛時。揚聲勇猛至失音猶不已。一日謂圓淨曰。定中見白色頻伽鳥飛舞於前。又三年西向端坐。念佛而化。

宋王日休、龍舒人。國學進士。博極經史。一旦捐之曰。是皆業習。非究竟法。吾其爲西方之歸。自是精進念佛。年六十。布衣蔬食。日、課千拜。夜、分、乃寢。作淨土文勸世。激切懇到。將卒三日前。徧別親識。有不復相見之語。至期如常禮念。忽厲聲稱阿彌陀佛。唱言佛來迎我。屹然立化。如植木矣。稽其日課。有九百十二萬五百貼于壁。邦人有夢二青衣。引公西行者。自是家家肖像崇事云。丞相益國公周必大作贊。張于湖作序。

宋葛繁、澄江人、少登科第、官至朝散、平居日行方便。凡公署私居。必營淨室。設佛像。常入室禮誦。舍利從空而下。平時以淨業普勸。道俗多服其化。有僧定中

神遊淨土見繫在焉後無疾面西端坐而化

宋胡闉官宣義平日雖信佛乘而未諳淨土年八十四疾革其子迎清照律師乞垂誨示照謂闉曰公知安身立命處否闉曰心淨則佛土淨照曰公自度平昔時中有雜念染污否闉曰既處世間寧無雜念照曰如是則安得心淨土淨闉曰一稱佛名云何能滅八十億劫生死重罪照曰阿彌陀佛有弘誓神力是以一稱其名滅無量罪猶如赫日消於霜雪復何疑哉闉遂省悟即日延僧念佛次日照復至闉曰師來何暮二大士降臨已久照於是率衆厲聲念佛闉乃

合掌而逝。按闔徃生得於清照。而迎清照者子也。豈非大孝歟。世有執小愛而破親齋戒者。誤亦甚矣。

宋楊傑、無為州人。號無為子、少年登科、官尚書主客郎、提點兩浙刑獄、尊崇佛法。明悟禪宗。謂衆生根有利鈍。易知易行。惟西方淨土。但能一心觀念、總攝散心、仗佛願力、決生安養。嘗作天台十疑論序。王古直指淨土決疑序。彌陀寶閣記。安養三十贊。弘闡西方教觀。接引未來。晚年繪彌陀丈六尊像。隨行觀念。將終之日。感佛來迎。端坐而化。宣和中、荆王夫人神遊淨土。見公與馬玗、坐蓮花云。

宋文潞公、諱彥博、守洛陽日、嘗致齋往龍山寺禮佛、入殿。忽見像壞墜地。略不加敬。有僧詰之。公曰、像旣壞矣、瞻仰何益、僧云、像無新故。道不生滅。公聞之有省。作禮而出。後參淨巖法師。誓集十萬人。為淨土會。普勸念佛。臨終無疾。念佛而化。

宋馬玗、字東玉、歷官侍郎、元豐中、僧廣益授以天台十疑論。公大喜曰。得所宗矣、至心念佛。二十五年。崇寧中小疾。易衣坐逝。有氣如青蓋。出戶騰空而去。家人皆夢玗往生上品。

宋鍾離瑾、字公瑜、咸平三年登第、官至龍圖閣待制、性至孝母太夫人任氏卒廬墓熏修除服宦遊日課利益二十事遷浙江提刑奉旨加禮慈雲懺主公究聞指要篤修淨土晚知開封出則盡瘁國事入則繫念佛號忽夜促家人起索浴更衣坐逝舉家見公坐青蓮仙樂導迎西往

宋閻邦榮池州人二十年持往生咒念佛將終家人夢佛放光迎榮及曉榮西向趺坐忽起行數步曰我去也垂手結印微笑而立妻驚扶之逝矣

宋昝定國號省齋爲州學諭專修淨土嘗造擘窠圖印施勸人念佛又每月二八日集僧俗念佛誦彌陀

諸經。嘉定四年、夢青衣童子告曰。至尊召君三日當
往生。屆期沐浴更衣念佛坐化。

宋馮檝號濟川、遂寧人、由太學登第、初訪道禪林、晚年專崇淨業、作西方文、懺悔儀、以給事中出師瀘南、率道俗作繫念會、及知邛州、自知時至、於後廳設高座、望闕肅拜、着僧衣、登座謝官吏、橫柱杖按膝而化。蓮大師曰、傳燈錄載公初參龍門遠、次參妙喜、各有證悟、臨終刻期陞座脫去、不言念佛往生何也。良由著述家、彼此立義、各隨所重、彼重直指人心、自應專取了明心地、而略淨土、如懷玉、金臺、再至圓照、

蓮葩標名皆不錄是也此重指歸淨土故詳其生平念佛報盡往生而了明心性自在其中如所謂既得見彌陀何愁不開悟是也淨業人願篤信無惑

宋王古字敏仲東都人官禮部侍郎慈仁愛物深契禪宗又悟淨土法門之勝著直指淨土决疑集楊次公序之平生精勤念佛數珠未嘗去手行住坐臥悉以西方淨觀為佛事有僧神遊淨土見古與葛繁同在焉往生宜上品矣

元至正間吳子才字信叟蘇郡人與弟子章同參雲屋受念佛法門精進無間子才致仕之後預作一棺

夜臥其中令童子擊棺而歌曰吳信叟歸去來三界無安不可住西方淨土有蓮胎歸去來自從而和之後無疾坐逝子章臨終倚牀念佛而化

宋蘇軾號東坡官翰林學士南遷日畫彌陀像一軸行且佩帶人問之答曰此軾生西方公據也母夫人程氏歿以簪珥遺貲命工胡錫繪彌陀像以薦往生又老泉曾於極樂院造六菩薩像葢蘇氏之皈心三寶素矣世有刻西方公據者增以俚語謂出自坡公此誣也具眼者勿因僞而併失其眞（應在王日休前）

明朱綱京都人業儒中鄉舉三上春官不第乃就職

官二府致仕、專修淨土。日課佛三萬、十五年無少怠。臨終。坐榻上、兩手擎珠念佛不輟。異香滿室。乃云佛來也。連聲稱念而逝。

明萬歷間、顧公寶幢、諱源、志修淨業、與道友張老居士善。疾篤、集僧俗十念阿彌陀佛、唱和相續、張與焉。公謂云、此時尚不見動靜。張云、汝大錯、何用疑。須專切。打起精神念佛、須臾間、衆忽聞異香滿室。公自見身坐蓮華中。諸子悲戀不勝。諭曰、汝等謂我往何處。何處。即此處。諸佛迎我。三鼓起行。我願既遂、汝等之願亦慰矣。至期含笑去。少宗伯殷秋溟公作傳。蓮大師曰。身坐蓮華中生。則決定生也。何處卽此處。去則實不去也。此近時實事。明眼人參之。或問余曰。公信修如是。但不見動靜一語。未免涉疑。余曰。此卽公往生正念也。認之確。故願之切。期之懇。故候之迫。若大旱之望雨。望其速來。惟恐其不來。復何疑于雨。

明海鹽朱元正。爲諸生時。講孔孟之學。端方不苟。六十後。深入禪悅。于宅後做屋三楹。閉關不與家事。門上題。譬如我已死了。六字。每日功課。午前諷法華經一卷。午後念佛千聲。庚申四月。唐宜之同其門人陳則梁訪之。公謂則梁曰。宜之向曾與汝書。勸子修淨業可切聽之旣而則粲曰老師年高盡少開酒禁公曰子意謂衰年當藉數盃以調氣養血耶不知我之生死已畫得斷何復言此公說畫得斷時因以手在几上畫一畫蓋已了生死矣七月無疾忽謂子曰吾在此無事可行矣子問何處去曰西方去子及孫固留許之至臘月朔示疾不食家人倉皇治後事公曰勿忙此臘八半夜事也預誡家人臨行時勿令婦女來過二三時來亦勿哭及期端坐而逝時方雞鳴比天旦眷屬方至舉哀公復醒開眼而不開口但搖首令女人去仍瞑目逝爾時來去自由如此

明丁明登號劍虹江浦人萬歷己酉皈依雲棲大師篤信淨土法門改號蓮侶崇禎己巳受四戒于隱微庚午受菩薩戒于大慧萬歷丙辰登第宦遊溫陵每以出世大事開化緇素感悟甚多守備時力禁屠牛有無賴犯法捕之急知公敬僧即薙髮進公令里甲察其還俗日重懲之其人勵志修卒為名衲初任泉州司李憲批枷責公立法願納米者聽用以贍獄貧犯夏月修葺監鋪給香薷飲葵扇冬月設暖匣椒葍擇醫視病更買數珠百十串散衆因念佛恒語人曰人在患難發心者多吾乘其悔恨導之念佛幸而

出獄爲良民矣憫念室中聞流不聞佛法請禪師演說大乘令于幃內聽之眷屬一時披剃者四人聞蓮大師云有老嫗稱其夫念佛一心不亂臨行一請而別嫗由此深信淨土大師亦自此發心出家公繪一請圖懸齋中題詩有與君一請瞥肰去珍重相逢九品蓮句乙酉冬病劇十一月朔具疏告佛決意願求往生日焚一疏至第十日粥飲如常面色光潤諄諄以同生西方普勸親知就榻稍臥寂爾長往輯有故鄉消息蓮漏清音芥火商淡話十餘種皆淨土要書也餘載嗣君菡生藕香池遺事中　附念佛出獄

三則　萬歷間辨融禪師以誹語下獄。獄卒以師名重，必多金，厚索其酬。辨公曰：僧家何處得錢？獄卒以强盜匣床匣之。辨公向空唱云：大方廣佛華嚴經，華嚴會上佛菩薩。滿匣床聒聒作响，鎖斷床碎。事聞提牢。遂達御前。奉詔請出。　崇禎間大老下獄甚多，若事關封疆，無有免于六辟者。時山東撫軍余集生大成在獄，首唱念佛。諸公多從之。處決屆期，相聚念佛，晝夜不絕。滿壁忽現佛像，光明閃爍。衆悉驚禮。旋奉恩詔末減。余集生、沈彥威，皆以封疆擬斬，俱獲遣戍出獄。　順治六年，覺浪禪師因刻書忤當事，下太平獄、淚公教獄。獄中人念佛。善言勸化。獄卒回心。亦持齋念佛。每至一更。淚公執小擊。獄卒持長香過一號房呼云。大眾。一心念佛。犯人莫不號泣念佛。人餽布施悉周貧乏。不數月。上官臨太平府入獄。躬釋淚公。因之清理監犯。輕罪多得宥放。

明唐宜之諱時、湖州人、參蓮池師。勤修淨業。初以明經別駕壽陽。繼輔襄國。舉家眷屬。悉皈三寶。晨則各持經。文、久則同集念佛。崇禎辛巳仲春。闖賊破襄陽。公投端禮門左井中、家人拯之而出、氣已絕、復甦。奉旨提究。得從寬典。旋請假歸里、而襄陽季冬五日再陷矣。初不死于寇，繼不死于非，終亦不死于法，豈非慈悲默祐，功德不可思議者耶。公自述數年來感應道交。丁亥臘八，於長干寺念佛禮塔，見佛相於塔光，佛黃金色，光則如雪如冰如明鏡。戊子七月五日，念佛于禪堂，開窗忽見鍾山浮巨海中，金佛巍巍，祥光爍爍，无礫墻垣、喬木叢林，盡空不見。夫恒人見說西方極樂，過十萬億佛土，輒以為遠。今由所見觀之，十萬億佛土，卽在目前，畢命彈指而生，詎非生于方寸自心哉。法華經言，以父母所生之眼，能見天上天下，彼墻垣山谷一切無礙，則其見十方世界，亦如見空中事耳法華會上如來白毫相光照處地皆清淨琉璃無聚落城邑江海山川地獄餓鬼共爲佛土證此亶其朕平克復憶癸巳年猶得奉公諱于白下嗣聞西馳之音瑞應彰彰愧余濁惡纏綿未遑考載朕據生前屢屢見佛如是往生之後侍佛左右宜矣巾馭乘所嚮有蓮華世界書法音頻迎音等刻更有如來香一書表章世尊一代之時教周秦迄宋明數千年善知識之精神帝王卿相闡揚道法之義味綮朕畢陳于中以居士而證佛知見者近世惟公而已

士民往生

晉闕公則、入廬山蓮社。得念佛三昧。歿後友人於洛陽白馬寺夜中爲作忌祭。忽一時林木殿宇皆成金色。空中有聲曰我闕公則也。志求極樂。今已得生。言訖無所見。

宋周續之、雁門人、十二通五經五緯號十經童子養志閒居。公卿交辟皆不就。事廬山遠法師預蓮社文帝踐祚召對辨析。帝大悅。或問身爲處士時踐王庭。可乎答曰心馳魏闕者。以江湖爲桎梏情致兩亡者市朝亦岩穴耳。時稱通隱先生。後居鍾山專心念佛、愈老愈篤。一日向空云。佛來迎我。合掌而逝。

宋孫良、錢塘人、隱居閱大藏。尤得華嚴之旨。依大智律師。受菩薩戒。日誦佛萬聲。二十年不輟。一日命家人請僧念佛。以助往生、僧集念佛方半。餉望空合掌云。佛及菩薩已荷降臨。退坐而化。應入後宋

梁庾銑、新野人、武帝召為黃門侍郎不赴。六時念佛。一夕見道人、自稱願公、呼銑為上行先生、授香而去、四年願公復至。遂化去。空中言上行先生已生安養

隋宋滿、常州人、計豆念佛、積三十石。開皇八年九月彌陀觀音勢至。化僧乞食。滿白弟子。願生西方。供師

深慰素心。齋畢。三僧向空而去。滿即坐化。人見天華異香從雲際西行不散。

宋王闐、四明人。號無功叟。凡禪林宗旨。天台教門。無不洞達。著淨土自信錄。晚年專心念佛。西向坐化。異香芬郁。焚龕時獲舍利一百八粒

宋范儼、仁和人。絕心世務。其子不能治家。儼不之顧。但云。我自是寄客耳。日誦法華。念阿彌陀佛。專心不懈。忽見普賢菩薩乘六牙白象。放金色光。報儼云。明日卯時當行。越一夕。佛菩薩來迎。就座合掌而逝

宋孫忠、四明人。早慕西方。於郡城東築庵念佛。後因

病請僧百人繫念忽仰空合掌手結雙印怡肰而化閩城聞天樂異香漸向西沒二子相繼念佛亦坐化

宋沈銓家錢塘同妻施氏專心淨土平時諸善悉用回向後及妻前後命終皆感化佛持錫接引而去

宋許公四明桃源鐵工也年七十兩目喪明里中昝學諭以璧窠圖印施勸人念佛許公初受一圖念滿三十六萬聲念至四圖兩目嘹肰如是三載念滿十七圖一日念佛忽氣絕半日復蘇曰佛令分六圖與昝學諭是勸導之首分一圖與李二公是依圖之人囑其子往謝之言訖沐浴西向而化

宋金奭、會稽人、網魚爲業、忽猛省、持戒精進、日課佛號萬聲、久而弗替、後無疾、語家人云、阿彌陀佛與二菩薩俱來迎我、我歸淨土去也、焚香端坐而化、邑人聞異香天樂、終日不散。

明劉通志、京都人、精懇念佛、年五十二、得疾、念益切、鄰人李白齋先卒、通氣絕自旦至午、復甦、謂家人曰、適見一舟云往淨土、乘舟三十六人、白齋與焉、我亦數內、但衣未新潔、又忘帶念珠、特艤舟相待、家人急爲易衣、珠掛其項、須臾而逝。

明唐廷任、蘭溪人、號體如居士、孝友醇愨、出自天性、少遊黌校有聲已而覺世無常傾心至道參雲棲受念佛三昧遂力行之凡十三年如一日篤志西方萬歷癸卯仲冬六十壽旦忽謂諸子曰新春十一日吾歸矣數日前禮誦如平時至期盥漱整衣端坐手結印口稱佛名含笑而逝如入禪定

明楊嘉禕字邦華泰和人世家子也年十三持不殺戒蚤虱無所傷潛心淨土法門日誦彌陀經二十三肄業南雍俄疾作以萬歷乙巳仲冬十九日卒卒之先夢遊地獄見地藏大士於冥陽殿覺而放諸生命延僧誦經念佛謂人曰吾將逝矣青蓮花現吾前得

非淨土境乎。遂晝夜念佛不輟。命息燭。曰。汝輩假燭爲明。吾不須燭。常在光明中耳。問何所見。曰。蓮開四色。問見彌陀否。曰。見彌陀現千丈身。問觀音。曰。身與彌陀等。問勢至。曰。不見也。言訖。忽躍起拈香。連聲誦曰。彌陀經功德。不可說不可說。吾已得上品矣。寂然而逝。仲兄嘉祚傳其事。而矢之曰。予所誑語。墮拔舌獄。其亦見之眞而言之切歟。不信淨土者可思已。

明郝熙載。錢塘人。法名廣定。生平忠信不欺。以德行稱於黌校。晚歸佛。持誦夙夜加虔。萬歷辛亥春二月得疾。每睡覺云。吾夢於山中求見佛。佛未見。見百鳥

叢集如是累日至二十七子夜忽云有二童子來迎佛坐蓮花臺現吾前吾往矣吉祥而逝

明戈以安法名廣泰錢塘人性至孝素積善行而深自韜晦不求人知晚歲精誠奉佛與靈芝僧玄素結春秋二社念佛誦華嚴五經忽謂人曰吾大限將至當爲西歸資糧遂自定課誦昕夕不輟預定歸期於臘月二十一日前二夕母子環視悲哽居士笑曰生必有滅奚悲爲吾方凝神淨域面覲彌陀若等愼勿以情愛亂我正念諄諄惟囑助念無間雜語至期寂然而逝

明孫叔子。法名大玗、自幼敏而好學。年十二。隨父鏡

吾公。奉四十八願彌陀像入雲棲。因受五戒。歸斷葷

血。矢志念佛。誓取金臺。勤苦不惜身命。俄見兩比丘

持蓮花。以一心淨土印可。復見化人。誦金剛經一晝

夜。乃矍肰起坐曰。彌陀觀音皆來迎我。結金剛拳印。

大呼阿彌陀佛數聲。泊肰而寂。時萬歷辛亥仲冬十

一日。有淨土十二時歌傳世。詳具吳太史西生傳中。

尼僧往生

隋尼大明、志尚清修。誓生淨土。每入室禮念。先着淨衣。口含沉香。文帝后甚重之。將終之日。衆忽聞沉香滿室。俄而光明如雲。隱隱向西沒焉。

唐尼淨眞、居長安積善寺、衲衣乞食。誦金剛經十萬遍。篤志念佛。語弟子曰。五月內十度見佛。兩度見寶蓮花。上上童子遊戲。吾已得上品生。言訖跏趺而化。祥光滿庵。

唐尼悟性、居廬山、遇照闍黎、教以發願念佛。六時精進、一心不亂。大歷六年、忽染疾、聞空中音樂西來。謂左右曰、我神遊極樂。已得中品上生。見同志誠心念佛者。皆有蓮華待之。汝等應各努力。言訖而逝。面現黃金色。時年二十四。

宋尼能奉、錢塘人、專修淨業。嘗夢佛光照身。及聞空中善言開慰。告其徒曰。吾往生時至。少頃、聞奉念佛聲甚厲。奔往視之。則合掌面西坐逝矣。異香滿室。樂音西邁。

宋尼法藏、居金陵、戒德甚嚴。勤苦念佛。每歲四孟月朔、集同志諷經持呪。大家善信翕肰從化。示寂之夜。見佛菩薩金像。現其室中。光明照寺。端坐脫去

婦人往生

隋文帝后獨孤氏、雖處王宮。深厭女質。常念阿彌陀佛。以八月甲子命終。時永安宮北。種種音樂。自然震响。異香滿室。從空而至。帝問闍提斯那。是何祥瑞。對曰。淨土有佛。號阿彌陀。皇后業高。超登彼國。故現斯瑞耳。

宋葛濟之。句容人。稚川後也、世事仙學。妻紀氏。獨精誠念佛。元嘉十三年。方在機杼。忽覺空中透亮。因投杼仰瞻。見西方有佛現身、寶蓋幢幡。了了雲漢。喜曰、經言無量壽佛。其即此耶。面佛作禮。濟之驚異就之

紀氏指示佛所濟之亦見半身俄而隱沒祥雲五彩鄰里咸覩焉自是多歸佛法矣

唐姚婆因范行婆者勸令念佛後臨終見佛菩薩來迎告佛言求與范行婆別請佛暫住空中范至姚婆立化

唐溫靜文妻并州人久病臥床靜文勸令念佛一年忽覩淨土告其夫云我已見佛後月當去囑父母云今得隨佛往生願專心念佛他日西方相見耳言訖而逝

宋鄭氏錢塘人日課觀音經念佛不輟後病中索浴

畢西向坐問家人云聞磬聲乎淨土諸聖已至觀音手執金臺如來接我登座遂奄然而化

宋荊王夫人王氏專修淨業曉夕勤至給侍之人無不則效惟一妾懈慢夫人責之遂悔悟精進忽無疾而逝致夢他妾云蒙夫人誨已生安養夫人未信也俄而亦夢與妾同遊寶池見一花天衣飄揚題曰楊傑一華朝服而坐題曰馬玗復見金臺光明晃耀妾指曰此夫人生處也既覺彌加策進年八十一慶誕之晨秉燭然香望觀音閣而立左右方具儀獻壽已立化矣荊王哲宗叔也

宋廣平郡夫人馮氏名法信贈少師許珣之女適承宣使陳思恭少多病醫不能療參慈受深禪師教以齋戒念佛諦信力行十年不怠病尋愈忽厭世人怪之曰清淨界中失念至此支那緣盡行即西歸何怪之有臨終氣絕復甦謂家人曰吾歸淨土見佛境界與華嚴十六觀經所說不異已而長逝三日後舉屍如生異香芬馥

宋宜人陸氏錢塘人朝請王璵妻也嘗誦法華篤意淨土禮懺一會念佛萬聲凡三十年因微疾忽聞天鼓自鳴人方驚異即面西端坐雙手結印而逝

宋樓氏慧靜、適寺簿周元卿、嘗披玩傳燈發明見地尤以淨業爲眞修、念佛不輟晚年被疾忽見蓮臺紫色化佛無數異香滿室語家人亟令念佛頃刻而化

宋秦氏淨堅、家松江厭惡女身與夫各處精持齋戒閱華嚴法華光明般若經無虛日晨昏修彌陀懺禮佛千拜久之有光明入室面西安坐而終

宋吉安王氏女日誦彌陀經、觀音普門品念佛求度母死既殮流血淋漓女誓云若我孝心感佛願母穢氣不作言訖血止後父娶繼室與之同修淨土女臨終請僧說淨土觀法更衣吉祥而臥攬大悲所執幡

寂然化去。

元鄭氏淨安、錢塘人。念佛日。無虛度。得疾。聞空中聲曰。汝行有期。毋得自怠。又見佛身金色。卽奮起面西端坐。召其出家子義修、諷彌陀經。倏然而化。其女夢母報曰、吾已得生淨土。可聞諸修師云。

元陶氏十六娘、常熟徐村人、年二十六。寡居無子。願生淨土。恒持念彌陀觀世音經。忽夢白衣人、挈蓮花一朶與食之。覺後心神頗異。嗣裝一小閣。西向誦經念佛。甫三年。見佛現光明。經函上有火團、如彈子、氏恐燒經、急以手撲、乃得舍利一顆。卧終時化佛來迎

別衆而去、

明于媼、昌平州邵村民于貴之母。久積念佛。一日浣衣甚潔。謂其子曰、予將生淨土。子未信。至期取几置庭心。坐几上。脫去。異香天樂。比鄰皆聞。

明方氏、諸生炅應道室、三十而寡、守志皈佛、專修淨土。一老媼亦齋戒相隨。逐二十年。萬歷乙酉時年五十矣。小疾。呼老媼、相對念佛、不輟、無一語及他務。卒前一日沐浴更衣。然香禮佛。還坐一榻而逝。子用先第進士。質直不妄語。狀其事乞傳銘云。

明薛氏、武塘世族女。生時母夢長庚入懷。後歸周生子五人而寡秉節自誓供觀音大士香煙結蓮花人異之專心淨業好施不倦念佛十五年如一日萬歷丁亥五月得疾醫進乳粥確乎不許遂絕粒屏藥石至九月六日延僧禮懺且曰四日足吾事畢矣乃西向對彌陀像晝夜繫念囑諸子翊贊禁諸婦女毋入遺命具龕去棺槨無焚錢帛無祭殺神時值重九恰第四日次早索水灌手誦甘露真言着所淨衣戴誌公帽長跪佛前念然香讚佛偈輪珠念佛一百八徧逮午趺坐結印而化神氣熙然時衆俱聞蓮香滿室諸子奉命入龕觀者數千人歡喜頂禮

明劉道隆母李氏、年四十、長齋念佛、不解誦經、修葺靜室一間、供奉佛菩薩像、朝夕焚香稱禮、每遇誕日、誡子婦毋設慶席、惟禮懺一日、或三日、如此者二十五年、將終前一歲、用督紡所餘、延僧禮懺七晝夜、夢大士持數珠一串示之、曰、以此授汝、珠數乃往生期也、夢中數之、五十三顆、不解其義、至庚子五月十三日、忽告家人曰、吾今日行矣、可舉家大聲念佛、助我西行、子婦輩皆坐榻前念佛、面西端坐而逝、

明張母陶氏、爲長水守約繼室、居士奉佛、氏化之、日課誦無間、居士出禮普陀、母謂二子曰、吾平日參是

心作佛是心是佛二語今始悟初四日吾行矣及期端坐而逝次日居士歸成殮俄棺上出青蓮花五朶居士大駭異自愧不知其道行如此遠近見聞無不嘆慕

明中官孫名之母一生齋戒念佛年老微恙自知時至告其子欲坐脫子哀泣止之不得乃為作龕至期入龕安坐化去

明陸母徐氏嘉定人孀居刻志淨業夫昔有千金出貸焚劵不取奩飾罄以施人恒于佛所禮誦不輟如是十載一夕忽呼侍人曰看東方光發否我往生時

至矣汝輩可助我高聲念佛合掌而逝

明金陵定淮門楊選一、豫章人妻呼選一娘、三十生子後即與夫別居聽其置妾自月長齋念佛至已丑十五年矣八月忽生發背痛楚入骨見一惡鬼以刀割其背肉有大方神驅之去苦若脫旋謂夫曰吾將行矣有童子四人相迎可以清茶供之夫疑是病中囈語問將何往答曰往西方合掌念佛遂逝

明江寧十廟西門湯道人公甫母、八十一歲向來長齋念佛每晨夕萬聲為課庚寅元旦公甫請融悟觀如兩戒師虔修大彌陀懺以初四日五鼓進壇有唐

道人者。在壇外打報鐘。平明時。忽見白鶴數十旋繞屖上。壇內緇素。悉見蓮華生佛座下。內外金光覆空。山河大地。了無隔礙。如斯境界。有長香一枝。至行道畢。下壇方散。此皆湯母虔修淨土之現證也。其往生上品必朕矣。唐宜之目擊。載巳求書。

節婦汪朱氏江南邗郡人年二十二歸汪君成之未五年而汪故遺腹生子守節三十二年卒於同治九年仲秋之二日氏性賢淑夫設尤一心淨土茹苦含辛持家訓子外念佛誦經寒暑無間華嚴楞嚴暨三教經典註釋靡不徧閱初持五戒從皈依瑞安大師法名淨及復受菩薩戒持律益嚴其能了脫生死固非一日而臨命終時得我佛親來接引不亦宜乎當其彌留之際先囑家人淨身面整衣裙將平昔所用念珠一懸腕上一掛胸前然後旁臥屈膝若頂禮狀問何所見則曰適阿彌陀佛放光接引可速焚佛船

並將我常念西方公摭等書附焚我將隨佛光行矣且命家人環立念佛無作俗態哭泣擾我正念家人問佛來否則點頭者再俄而含笑以逝面色潔白臨終無痰涎及諸苦情狀經一時許摩頂門猶煖所以超三千大千世界往生極樂又何疑哉念節婦行深般若克成厥志既已一切了脫原不以傳誦為榮而得此明效大驗其白於人庶幾有所觀摩為念佛往生明證夫信願持名印許諸佛斥自詭禪行至婦女苟非無量千萬億佛所種諸善根者其誰能之佛語不欺唯自欺欺他流毒於後利口覆邦之言良有以也

附惡人往生

唐張善和殺牛為業臨終見羣牛作人語索命於是大怖喚其妻云速延僧為我懺悔僧至諭之曰觀經中說臨終惡相現者至心念佛即得往生和云地獄至急不暇取香爐矣即以右手擎火左手拈香面西專切稱佛不息踰日安然而逝

唐雄俊寓成都膽勇過人不守戒律嘗罷道從戎尋復為僧因聞經言一稱佛名滅八十億劫生死重罪乃大喜曰賴有此耳自此過未盡改而念佛不輟大歷丁未二月暴亡經宿忽甦言至冥司主者判入地

獄。俊厲聲告曰。某入地獄無詞。但諸佛菩薩。未免妄語。觀經云。下品下生者。造五逆罪。臨終十念。尚得往生。俊雖有罪。未作五逆。況改悔念佛無數乎。言訖得回生。後入山。齋戒。念佛越四年。辛亥三月。僧俗咸聚。告曰、吾時、至矣。爾輩還城。見吾親知。乞為語。俊以念佛。得。生。淨。土。毋視為地獄漏網人也。語笑之間。端坐而逝、

宋仲明、居山陰報恩寺、素行踰檢、因感疾、謂同學道寧曰、我今心識散亂。何藥可治。寧教以隨息念佛。明如所教。至七日。力已困憊。寧又令想目前佛像。久之

忽見二菩薩。次復見佛。瞑目而逝。

宋吳瓊、臨安人。先為僧、退道返俗、前後兩娶、生二子、屠沽之事、靡所不為、常庖廚殺雞鴨等、則持而唱云、阿彌陀佛子、好脫此身去、連稱佛號。乃施刃每切肉、念佛不輟。後目上生瘤如雞卵。遂大憂怖、搆草庵、分散其妻子。念佛禮懺、晝夜如不及。紹興二十三年、告人云。瓊來日戌時去也。人皆笑之。次晚以布衫換酒。飲畢、書頌云。似酒皆空。問甚禪宗。今日珍重。明日清風。端坐合掌、念佛化去。

宋陳企龍、舒人。嘗殺人。後見鬼現。企大怖、急念阿彌陀佛。鬼不得近。因念佛不已。鬼遂不現。臨終坐化。

元至正十五年冬、張士誠攻湖州、江浙丞相與戰、獲四十人、囚檻送官、夜宿西湖鳥窠寺、適大猷謀禪師徐步廊下。囚者見師神觀閒雅。持誦不輟。因告曰。長老救我。師曰。我不能救。但至誠念南無救苦救難阿彌陀佛。那救得爾曹也。中有三人信受其語、念不絕口。天曉發。囚易枷鎖。偶至三人。刑具不足。惟繫以繩。既而審鞫、乃良民被虜者。遂得釋。按念佛法門。人知為亡歿之歸宿、而不知生存之利益、是故聞持咒得靈通。即改而持咒。聞講演得聰辯。即改而講演。聞營造得福報。聞齋會得入緣。乃至聞攝養得長壽。種種變易。曾無執持。安在其一心不亂。而望淨業之有成耶。據實而論。求生淨土。本為成佛度生。既非圖身後之樂。復何計身前之利與否哉。

附物類往生

唐貞元中。河東裴氏畜鸚鵡。常念佛。過午不食。臨終十念氣絕。火化之。得舍利十餘粒。烱然耀目。僧慧觀者。用陶甓建塔以旌其異。成都尹韋皐為之記。有了空相於無念。留真骨於已斃句云。

宋黃巖正等寺觀公。畜鴝鵒。能言。常念佛不輟。一日立化穴土葬之俄而舌端出紫蓮花一朶靈芝律師嘗爲之讚有立亡籠閉渾閒事化紫蓮花也太奇句昔潭州僧有養鴝鵒者士呼八八兒常念佛既斃以棺葬之忽生蓮花一朶自其口出有頌之者云有一靈禽八八哥解隨僧口念彌陀死埋平地蓮花發人不回心爭奈何謹按世尊誓願云衆生念我名號者必生我國凡言衆生上自天人下至昆蟲皆是以此參之則此鴝鵒必生西方世界與頻伽等倡和法音矣可以人而不如鳥乎事載潭州志至今以八八名其城門云

明崇禎間。吳雪崖公爲福州司理。生平虔奉如來。每往開元寺。禮佛諷經。素聞省僧多茹葷。而本寺尤有畜牲宰食者。公爲請督撫嚴示。立石以禁止之。頑風未能盡革。一日公在禪堂念佛。一雞聞之。亦念佛。公詰僧曰。汝輩云寺中久不畜牲矣。如何有雞。索得之。公念佛。雞仍念佛。乃痛責僧曰。今觀畜生尚有佛性。汝輩薙染破戒。不若畜生多矣。墮落何疑。僧悌泣懺悔曰。僧等從此發大誓願。誠實齋戒矣。通省聞風知儆者。沙門爲之一變云。公養此雞于署中。恒念佛不輟。後轉官携至丹陽。送入海會庵中。以其爲接衆所使遠近生信也。雞至庵日。即念佛立化。公爲樹塔誌焉。出唐宜之巾馭乘。

明江西鄒子尹祖。爲廣東兵憲。有參將自知三世。因一世爲蛇。二世爲書生。三世即今職。因提兵征洞蠻。過一山。諭軍士曰。我夙世曾於此山爲蛇。今欲進山視舊屬。汝輩勿驚怖也。入見洞中蛇無數。參將作蛇語謂之曰。我昔與爾並生于此。只因我能念佛一聲。即得生人中。今爲大將。爾等何不念佛。求脫此苦耶。蛇俯首作受教狀。參將凱旋日。復入洞察之。則萬蛇皆死。應以念佛化去矣。鄒公聞而異之。述其事以傳明崇禎間中州僧覺圓戒律精嚴發願廬山東林寺齋僧設立關乞緣時護關僧至華氏折鉢回有雛雞隨至中途僧覺送還華氏納之因閉其門雞從屋上飛出追赴關所旋繞不去同覺師立關三年出後携往東林爲之受戒大衆上堂念佛雞忽隨之念佛踰年齋僧緣畢雞即坐化瘞于寺傍又傳載廬州有坐化猫峽中有坐化猴巢縣柘臯鎮有立化雀黃大叅庭翠有放生坐化猪種種靈異誠足昭法化于無窮矣

國家圖書館出版品預行編目資料

淨土晨鐘 /（清）周克復編述. -- 1 版. -- 新北市：
華夏出版有限公司, 2022.07
面； 公分. -- (Sunny 文庫；226)
ISBN 978-986-0799-97-2(平裝)
1.CST：淨土宗

226.55 111002224

Sunny 文庫 226
淨土晨鐘

編 述 （清）周克復
印 刷 百通科技股份有限公司
電話：02-86926066 傳真：02-86926016
出 版 華夏出版有限公司
220 新北市板橋區縣民大道 3 段 93 巷 30 弄 25 號 1 樓
電話：02-32343788 傳真：02-22234544
E-mail： pftwsdom@ms7.hinet.net
總 經 銷 貿騰發賣股份有限公司
新北市 235 中和區立德街 136 號 6 樓
電話：02-82275988 傳真：02-82275989
網址：www.namode.com
版 次 2022 年 7 月 1 版
特 價 新台幣 700 元 (缺頁或破損的書，請寄回更換)

ISBN： 978-986-0799-97-2